U0153362

專業倫理
科學與倫理、一般倫理

吳宗遠
林文瑛────

著

五南圖書出版公司 印行

校長序

　　中原大學創立於1955年，秉持基督愛世之忱，以信、以望、以愛致力於國家之高等教育，旨在追求真知力行，以傳啓文化、服務人類。多年來，我們推動「全人教育」，培養兼備專業知識、品格涵養和世界觀的知識分子為教育目標。自102年的教學卓越計畫我們提出了人才特色優勢共構計畫起，「專業倫理品格實踐」的特色內容一直是本校在高教深耕上的一大亮點。

　　卅年前本人曾在全國大學商管學院院長會議上，向教育部提議將「商事法」、「企業倫理」列入全國大學商、管學院的必修課。現在國內經歷了黑心油等食安風暴、國外的安隆風暴與著名車廠、製鋼廠造假風波，證明當時力排眾議的堅持是對的。為了強調專業倫理的重要性，中原大學除了成立專業倫理教學發展中心，將專業倫理列為各學院之院通識必修核心課程外，並透過種子師資的培訓與多元媒材的發展，持續精進校內各學院倫理課程與教材。這幾年來，本校也陸續推動大型論壇及全國專業倫理個案競賽，持續將本校「專業倫理」經驗擴散至其他大專院校。例如106年6月舉辦的「全國專業倫理」個案競賽，以「善用知識力行社會公民責任」為主題，計有大專校院師生跨系或跨校共160組隊伍參賽，引起廣大的迴響。同時，透過國際與國內專家學者之交流及借鏡國外學校之經驗，精進本校專業倫理課程之教學與內容，希冀能厚實能力並協助擴散至大專校院與企業。我們相信透過專業倫理與全人教育之落實，不僅能提升大學畢業生就業競爭力，也是實踐大學教育在社會責任上基本且必須的功能。

　　為增進專業倫理的教學、推展各界對專業倫理的重視，我們邀請了中原大學歷年教授專業倫理的種子教師們，將累積的教學心得去蕪存菁編撰成系列叢書，與各界分享「專業倫理」的教學內容與經驗。在這本《專業倫理──科學與倫理、一般倫理》中，我們特別感謝吳宗遠教

授與林文瑛教授，對倫理教育工作的投入。期待本套叢書的出版，能夠在推廣專業倫理的教育上拋磚引玉並達成擴散效應，轉化「倫理能不能教？」的疑問成為「倫理要如何教？」的教育議題，以符合中原大學「篤信力行」的校訓及「教育不僅是探索知識與技能的途徑，也是塑造人格、追尋自我生命意義的過程」之教育理念。

中原大學校長

張光正

107年2月

專業倫理與道德思考

　　一般而言，只有涉及人與人關係[1]的議題才是倫理或道德議題，因此，倫理與道德都是關於人際關係的準則。倫理和道德的定義與差異，就連哲學家都無法說得清楚，儘管我們下不出好的定義，但我們都會在恰當的脈絡、恰當的時候正確使用這兩詞，在該用「倫理」的時候用「倫理」，該用「道德」的時候用「道德」，不太會搞錯。因此，望文生義未嘗不可。「道德」所指較廣，主客兼有，故包括倫理；而「倫理」兩字，可顧名思義，指的是倫常之理、主要是人際關係的規範。道德適用於一般的人際關係（如，仁、義、禮、智、信五常），倫理則適用於特定身分的人際關係（如君臣、父子、夫婦、兄弟、朋友五倫）。因此，適用於君臣關係的「忠」與適用於父子關係的「孝」都屬於倫理原則，但適用於不特定人際關係的仁、義等則屬於道德原則。

　　「專業倫理」的議題通常涉及一般的德目，譬如，忠誠、誠信、公平等。也涉及做為專家才會遇到的倫理問題。專家受到社會的相對尊重，居於較有影響力的位置，掌有較大的權力與較多的社會資源，於是，便相應而有如下的問題：專家是否不負社會所託？是否善盡其社會責任？是否讓社會資源受到妥善的運用？是否讓社會涉入風險？比如說，設計製造原子彈是否讓人類面臨毀滅的風險？基因篩檢技術的發展是否讓保險制度面臨變質的風險？因此，「專業倫理」絕不是無中生有的道德教條，而是一般人在特定專業領域裡必然會面對的道德議題。

　　本書所談的「專業倫理」不是一般的道德哲學，不涉及煩難的哲學爭議，而是希望讀者透過熟讀這本書，能夠：

---

[1] 更激進的觀點會認為，人與動物的關係也包含在內。

1. 了解道德思考的本質。

2. 釐清各種宗教、文化，以及社會制度中判斷對錯的道德根源。

3. 思考日常生活中各種道德判斷所實際涉及的德目（例如孝順、忠誠等）。

4. 面對人類思考受各種因素（如語言、文化、人性等）之影響，容易產生偏誤的現實。

5. 客觀探討特定情境下的道德責任歸屬。

　　本書之主要內容為道德思考與道德判斷，希望不僅能夠增進讀者對於現代公民倫理規範的認知，而且能夠促進讀者對於道德議題的思辨能力、論證能力。具體而言，我們希望透過本書或專業倫理課程的教導，讓讀者或學生能 1.澄清價值（這樣想是什麼意思？）；2.澄清邏輯（這樣的結論正確嗎？）；以及 3.澄清道德以外的因素（我為什麼不願這樣想？）。簡單的說，我們希望社會上大家都能夠給自己的抉擇（不管是現在還是未來），一個清晰、明白的理由，而不是矇矇懂懂的人云亦云。

　　同時，由於「現代公民要能根據可得的訊息和證據下適當的結論，能夠以證據評論他人的主張，能夠區隔意見與有事實根據之陳述。」[2]（OECD, 2006, p21）因此，透過本書在道德推理能力、道德問題解決能力，以及道德決策判斷能力等層面的道德思考訓練，我們也希望本書能讓讀者相信，培養並具備下列能力是重要的：

1. 良好的邏輯推理能力，能夠思考各種日常事件的倫理面向與道德考慮。

2. 尋找與面對不同觀點的勇氣與信心。

3. 能夠考慮特定時間、空間、情境、關係等相關因素，並決定何種觀

---

[2] "People often have to drawappropriate conclusions from evidence and information given to them; they have to evaluate claimsmade by others on the basis of the evidence put forward and they have to distinguish personalopinion from evidence-based statements."

點是較正確的抉擇能力。

4. 在有限的資訊以及沒有明確規範的情況下，能夠做出正確道德判斷的智慧。

換句話說，本書的目標並不是想教導讀者怎麼樣做是對的，怎麼樣做是錯的，而是希望培養讀者自己思考什麼是對的、什麼是錯的，為什麼是對、又為什麼是錯的思考能力。事實上，我們都認同許多共同的價值，大部分的人都認為孝順父母、友愛兄弟、善待朋友、尊敬師長是對的，是理所當然的行為準則，但是這樣的準則放到複雜的現實情境中，常常可能因為情境中所涉及的價值互相衝突，或是情境特殊，而出現抉擇困難或實踐偏差的現象。例如，很多青少年認為「為朋友兩肋插刀，就是有義氣的表現，因此是道德行為。」這樣的價值觀基本上並沒有錯，有時甚至是美德。但是這樣的價值觀放到現實情境中，萬一這些青少年碰到「現在朋友有困難，要求我去幫忙把風」，或「朋友要被退學了，要求我幫他作弊」的狀況時，很可能會出現「我為朋友把風／作弊，就是為朋友兩肋插刀，因此是道德的」這樣奇怪的結論，導致說服自己去作原本並不想作的行為，而誤入歧途、回不了頭的悲劇。

　　本書的主要內容既然是培養實際專業領域中，關於道德抉擇或倫理規範的思考能力，必然須要先建立一般性的道德思考架構。因此本書的前半段是以一般倫理的基本道德思考為主軸，以基本邏輯思考、道德原則如何判定、行為結果如何考量等為主要內容，讓讀者先熟悉邏輯思考的基本原則，了解日常思考的可能偏誤，然後再討論道德原則正確推論的關鍵，以及道德原則是否為相對存在，或是否有優先順序的問題。最後則是討論行為後果在道德思考上的角色，以及後果與道德信念相衝突時，該如何考慮較為合理。

　　顯然，即使了解了道德思考的基本原則，如何將這些原則應用到一般或專業情境的判斷上，仍然是一個複雜而困難的問題。因此，在本書的後半段，針對不同的專業領域（科學倫理、工程倫理、企業倫理、設計倫

理、教育倫理、法律倫理等），我們蒐集了一些發生過或可能發生的案例，嘗試著帶領讀者一起思考專業領域的道德議題，以前半段的一般性倫理原則與道德思考應用在這些案例的分析上，學習該考慮哪些因素、該如何判斷、以及該如何作決策。

　　總而言之，決定「人的行為」的最主要因素還是「人的思考」，然而本書的目的並不想灌輸特定的價值觀，而是希望讀者讀完本書後，能夠更細緻的思考善惡對錯的本質，以及善惡對錯的基準。透過不斷的思辨，增強讀者對於道德議題具備理性判斷、理性抉擇的能力，無論是對於自己的問題、別人的行為，或是政治上的主張、公共政策的爭議，都能夠有清晰的思辨能力，想得清楚、活得明白。

建議資源

http://uip.cycu.edu.tw/UIPWeb/wSite/np?ctNode=17126&mp=00401&idPath=17101_17125_17126專業倫理臺灣資料網
該網站是由中原大學專業倫理教學發展中心創設，收入了豐富的教學與學習資源，包括各種專業倫理的課程資料與磨課師課程。

Michael J. Sandel 著，樂為良譯（2011），「正義：一場思辨之旅」。臺北：雅言文化。

高爾著，邱春煌譯（2009），失控的總統。臺北：貓頭鷹出版社。

石黑一雄著，張淑貞譯（2006），別讓我走。臺北：商周出版社。

Bok, S., & Callahan, D. (Eds.) (1980). *Ethics teaching in higher education.* New York: Plenum Press.

Kirkpatrick, D. L., & Kirkpatrick, J. D. (2006). *Evaluating training programs: The four levels. (3rd. Ed.).*San Francisco, CA: Berrett-Koehler.

O'Boyle, E. (2002). An ethical decision-making process for computing professionals. *Ethics and information technology*, 4, 267-277.

OECD (2006). *Assessing scientific, reading &mathematical literacy: A framework for PISA 2006.*

Piper, T. R., Gentile, M. C., & Parks, S. D. (1993). *Can ethics be taught? Perspectives, challenges, and approaches at Harvard business school.* Boston, Massachusetts: Harvard Business School.

Rachels, J. (Sixth Edition by Rachels, S.) (2010a). *The elements of moral philosophy.* Boston: McGraw Hill.

Rachels, J. (Fifth Edition by Rachels, S.) (2010b). *The right thing to do: Basic readings in moral philosophy.* Boston: McGraw Hill.

Rest, J. (1979). *Development in judging moral issues.* Minneapolis: University of Minnesota Press.

Shafer-Landau, R. (2004). *Whatever happened to good and evil?* Oxford: Oxford University Press.

CONTENTS
目　錄

第一篇

一般倫理

第一章
道德思考的本質
邏輯思考

　　許多人一聽到道德思考、倫理規範，就以為那是哲學家、教育家，或老學究才必須探究的議題，殊不知在日常生活中我們就常常面臨了許多對錯判斷、道德抉擇；一聽到邏輯思考，直覺上就以為那是哲學家、數學家才會感興趣的問題，殊不知我們每一次對話都脫離不了邏輯的規範，否則便無法有效溝通。其實，所有溝通幾乎都隱含著「如果……就……」「因為……所以……」的邏輯推理形式。

　　不過，由於課堂上正式的邏輯習題或道德兩難案例，畢竟還是與日常生活我們會遇到的推理問題或道德抉擇有相當大的差距，以致我們容易誤以為實際生活中的邏輯思考或道德抉擇是難以教導或學習的。事實上，這兩者在本質上是一樣的，只是日常的邏輯思考或道德推理，常常是在前提隱晦不明或資訊不足的情況下進行的，如果我們能養成一個習慣，將日常的問題分析清楚，想清楚判斷所需要的資訊為何，就會發現，課堂上的原則是能夠應用在日常問題的推理或判斷上的。

　　有學者曾經將一般課堂上的正式推理作業與日常生活所遭遇的推理問題做一個比較（表一），相當有助於釐清這兩種問題的差異（Galoti, 1989），讓我們了解日常道德推理或道德判斷之所以讓人覺得複雜、難以獲得共識之原因。

表一　正式推理作業與日常推理問題的比較

正式推理作業	日常推理問題
所有的前提均很清楚	有些前提是內隱的，有些前提不清楚
解決問題所需要的訊息均很完整	並非能馬上獲得所有必要的訊息
有正確的唯一解	常常有差異性頗大的可能答案

正式推理作業	日常推理問題
可依循明確的推理原則	鮮有現成的程序來解決問題
問題的本質比較抽象化	問題的本質比較個人化
問題的解決本身就是目的	問題的解決通常是為了達成其他目標

（引自Galoti, 1989，頁355）

　　根據表一的比較，我們可以了解，現實的邏輯判斷或道德抉擇之所以困難，常常是因為沒有想清楚推論的前提，沒有掌握必要的資訊，或者沒有辦法不考慮個人的利害或人際關係。事實上，只要舉幾個例子來說明，我們應該很快就能了解兩者的差異其實只是形式上的差異，而非本質上的差異。現在請先想想下面的情境：

　　選舉中有人提出：「張三不會講臺語，所以他不認同臺灣。」

　　張三的確不會講臺語。請問：你要不要接受他們的結論：「張三不認同臺灣」？

　　有人主張：「有人天生不是讀書的料，讓他們讀書是浪費社會資源。」

　　學校裡的確有些學生表現很差。請問：你要不要接受他們的主張：「不讓這些學生念書」？

　　朋友跟你說：「你是我唯一的好朋友，這次考試一定要幫我。」

　　你的確認為彼此是好朋友。請問：你要不要接受他的要求，在考試時幫朋友作弊？

　　老闆跟你說：「公司雇用童工是做善事，你們要幫忙掩飾。」

　　童工的家境確實很不好，而政府督察員剛好訪談到你。請問：你要不要替公司說謊掩飾？

一、有效論證

　　表面上這些好像都不是容易馬上有明確答案的問題，但是如果我們將這些例子化為我們在邏輯課上所學到的三段論證來加以思考，便很容易分辨這些話或這些主張有沒有道理。

所謂三段論證事實上是由三個部分所組成：大前提、小前提和結論，大前提是一般性的原則，小前提是特殊事實，然後根據邏輯法則，從大前提與小前提的連結關係上得到結論。換言之，所有的結論都是由大前提與小前提推論出來的，所有的前提都是支持結論的理由。例如：「只要是生命，都應該被尊重」（大前提），「胚胎是生命」（小前提），「所以胚胎應該被尊重」（結論）。

我們在判斷該不該接受結論時，考慮的自然是：「結論是否為真？」要判斷結論是否為真，有兩個重要的步驟：一是先確認從大前提、小前提連結到結論的關係是否符合邏輯法則，用學術用語說，就是必須確認這個三段論證是不是一個「有效論證」（valid argument）；其次，要確認大前提、小前提是否為真實的論述，用學術用語說，就是必須確認這個論證是否為「正確論證」（sound argument）。

邏輯法則涵蓋範圍很廣，本章並不打算詳述，但是任何思考的基礎，包括道德思考，仍然是邏輯思考；而我們日常的道德抉擇便是必須從眾多的道德思考中釐出頭緒，做出判斷。因此，我們有必要先花一點篇幅簡單說明一下何謂有效論證、何謂正確論證。

二、有效論證

什麼是有效論證？所謂有效論證就是：能從前提推導出結論的論證。有效論證的前提可能為真，也可能為假；即使前提為假，只要是從前提導出來的結論，也會是有效論證。無效論證就是無法從前提導出結論的論證，結論儘管為真，只要結論不是從前提推導出來，就是無效論證。

以大家所熟悉的「若是人都會死（若P則Q），蘇格拉底是人（P），所以蘇格拉底會死（Q）」的論證形式來說：

（大前提）如果是人，就會死。（若P則Q）
（小前提）蘇格拉底是人。（P）（「前件肯定」）
（結論）所以蘇格拉底會死。（Q）（有效論證）

因為從前提可以推導出結論，因此是有效論證。以大前提的P為「前件」，Q為「後件」，則前件為真可導出後件為真的推論，因此我們說「前件肯定」為有效論證。

但是，換成「若是人都會死，狗不是人，所以狗不會死」，就不是有效論證，因為大前提只講人，自然無法推論出不是人的狗究竟會不會死。換句話說，否定前件的論述，無法得到邏輯上確定的結論，因此我們說「前件否定」為無效論證。

（大前提）如果是人，就會死。（若P則Q）
（小前提）狗不是人。（非P）（「前件否定」）
（結論）所以狗不會死。（非Q）（無效論證）

不過，如果是**後件否定的論證，就是有效論證**。因為，在「如果是人，就會死」的前提下，如果有任何東西不會死，那麼邏輯推論上那東西必定不是人。

（大前提）如果是人，就會死。（若P則Q）
（小前提）神仙不會死。（非Q）（「後件否定」）
（結論）所以神仙不是人。（非P）（有效論證）

但是，後件肯定的論證呢？如果有任何東西會死，那麼那東西一定是人嗎？未必。只要是無法在邏輯上無法得到確定結論的論證都是無效論證，因此，**後件肯定是無效論證**，因為大前提只說人會死，推不出其他動物會死的結論。

（大前提）如果是人，就會死。（若P則Q）
（小前提）狗會死。（Q）（「後件肯定」）
（結論）所以狗是人。（P）（無效論證）

從以上的例子可以看出，有效論證雖然不保證能得到正確道德推理的結論，但卻是正確道德推理之必要條件。許多時候我們只要能判斷出結論的無效性，就不會盲目接受似是而非的結論。例如，如果有人說：「系主任是學術主管，所以不能用投票方式選出，否則就是民主凌駕了學術的考量。」要判斷這句話有沒有道理，我們可以先將其化爲三段論式來看：

大前提：如果投票表決（P），就是民主方式（Q）。

小前提：現在要投票表決學術主管系主任人選。（P）

結論：民主凌駕了學術的考量。（？）

在此論證裡，即使有人認爲系主任是學術主管，應該考量學術成就，而不是有多少人支持他，但是顯然從前提導出的有效結論應該是：「用民主方式決定了系主任人選」，而不是「民主凌駕了學術」這樣的結論。

下面讓我們用簡單的例子來練習判斷結論的有效性（正確答案在本章附錄）：

有效無效動動腦

大前提：如果是人，就會死。

小前提：神仙不是人。

結論：所以神仙不會死。

選項：(1)有效論證。　(2)無效論證。　(3)無法判定。

大前提：如果是神仙，就會死。

小前提：壽星是神仙。

結論：所以壽星會死。

選項：(1)有效論證。　(2)無效論證。　(3)無法判定。

大前提：如果是人，就會死。

小前提：神仙不會死。

結論：所以神仙不是人。

選項：(1)有效論證。　(2)無效論證。　(3)無法判定。

大前提：如果是神仙，就會死。

小前提：狗不是神仙。

結論：所以狗不會死。

選項：(1)有效論證。　(2)無效論證。　(3)無法判定。

三、正確論證

判斷上述論證的結論有效無效時，前提可以為真，也可以為假，端看結論是否是從前提推導出來的。簡而言之，所謂有效論證就是，在「接受前提的情況下，『沒有道理』不接受結論」的論證。但是，如果前提是我們無法接受的說法呢？例如：

（大前提）如果是女性，就會穿裙子。（若P則Q）

（小前提）小菲不穿裙子。（非Q）（「後件否定」）

（結論）所以小菲不是女性。（非P）（有效論證）

顯然，如果我們接受「是女性，就會穿裙子」的前提，我們就「沒有道理」不接受「小菲不是女性」的結論，因為這是邏輯上的有效論證。然而，即使這是有效論證，我們卻無法接受這樣的結論，因此，這樣的結論便成為「邏輯上有效但並不正確的結論」。說到這裡，讀者必須了解，合乎邏輯的，未必合乎事實，因為邏輯思考的前提可以為假，而仍然是有效論證。有效論證未必是正確論證，而正確論證卻一定是有效論證，因為正確論證需要兩個條件：(1)有效論證、(2)前提為真。更淺白地說，正確論證

有兩個條件：⑴從前提導出結論需要遵守邏輯法則、⑵前提所敘述的內容合乎事實或一般信念。因此，在日常生活的判斷上，我們就必須留意前提是否合乎事實或一般信念了。

以前面所述例子而言：「張三不會講臺語，所以他不認同臺灣。」這句話有一個大陷阱，那就是結論是建立在接受「如果認同臺灣（P），就會講臺語（Q）」這個大前提下才會成立。換句話說，除非接受「如果認同臺灣（P），就會講臺語（Q）」的前提下，因為現實情況是「非Q」（「張三不會說臺語」），才會得到「非P」（「張三不認同臺灣」）的結論。這句話可以化為以下的三段論證：

> （大前提）如果認同臺灣，就會講臺語。（若P則Q）
> （小前提）張三不會講臺語。（非Q）（「後件否定」）
> （結論）所以張三不認同臺灣。（非P）（有效論證）

這句話的大前提因為說話者認為那是理所當然的預設前提，所以通常隱晦不表，直接從小前提切入，訴諸結論。根據邏輯法則，前述論證的結論基本上是可以從前提推導出來的後件否定條件句，是一個有效論證，如果我們認定大前提為真，那麼這句話的結論便為真，是可以接受的。但關鍵是，大前提是否為真？是否為事實？便關乎這是否是一個正確論證的判斷，也關乎我們要不要接受結論的判斷了。

我們同樣用幾個例子來練習一下如何判定論證是否正確（正確答案在本章附錄）：

> 動動腦，是正確論證嗎？
> 大前提：如果是臺灣人，就會講臺語。
> 小前提：張大名是臺灣人。
> 結論：所以張大名會講臺語。
> 選項：⑴無效論證。　⑵有效但不正確。　⑶正確論證。

大前提：如果是臺灣人，就會講臺語。

小前提：張大名會講臺語。

結論：所以張大名是臺灣人。

選項：(1)無效論證。　(2)有效但不正確。　(3)正確論證。

大前提：如果你愛我，就要跟我發生親密關係。

小前提：你愛我。

結論：所以你要跟我發生親密關係。

選項：(1)無效論證。　(2)有效但不正確。　(3)正確論證。

大前提：如果愛臺灣，就會去服兵役。

小前提：張大名沒有服兵役。

結論：所以張大名不愛臺灣。

選項：(1)無效論證。　(2)有效但不正確。　(3)正確論證。

　　邏輯思考事實上只是一個簡單的幫助我們不會陷入各種主觀偏誤或思考盲點的思考原則。在《聰明人為什麼幹笨事？》一書裡，作者舉了許多例子來讓讀者明瞭，大部分的人事實上都是透過經驗所形成的特定的過濾鏡片來看世界，也因此會讓我們錯誤地解讀世界，產生思考上的盲點（Van Hecke, 2007）。下面是心理學家Wason與同事的系列研究中所採用的有趣例子：

日常生活的邏輯思考

案例一　警長的考題

　　傑克是一位沒沒無名的警察，他的工作內容不是指揮交通，就是幫助市民拯救逃家的鸚鵡。如此一成不變的生活，傑克已經不想再過下去了。有一天，傑克在警局的布告欄上看見警察總部貼出的警長甄選訊息，他欣喜若狂地夢想著自己一旦能甄選上警長，就能脫離目前無趣的生活，因此

馬上就遞出了警長申請表格。幾天後，傑克得知申請人需要通過一項性向測驗，以了解申請人是否有能力勝任警長一職。

在考試當天，傑克進入考場後，主考官在他面前展開四張卡片，每張卡片都有兩面：一面是圖形，另一面則是顏色。這些卡片的設計有一個統一的規則：

「如果卡片的一面是圓形，那麼此卡片的另一面一定是黃色。」

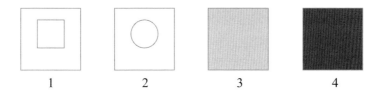

主考官問傑克：

如何能在翻動最少卡片數的情況下，確認上面的規則是對的？

選項：⑴ 2　⑵ 2與3　⑶ 1與3　⑷ 2與4

接下來，主考官在他面前展開另外四張卡片，每張卡片都有兩面：一面是數字，代表年齡，另一面則是飲料名稱。這些卡片的設計要符合一個統一的規則：

「如果年齡在十八歲以下，就不可以喝酒精飲料。」

主考官問傑克：

如何能在翻動最少卡片數的情況下，確認卡片符合上面的規則？

選項：⑴ 2　⑵ 2與3　⑶ 1與3　⑷ 2與4

首先，以第一階段考題來看，「若P（卡片的一面是圓形）則Q（此卡片的另一面一定是黃色）」，那麼，

1號卡片為正方形，是「非P」，所以是前件否定，是無效論證形式，則另一面為Q或非Q都不會違反規則，因此不必確認。

2號卡片為圓形，是「P」，所以是前件肯定，則另一面一定得為Q，才不會違反規則，因此必須確認。

3號卡片為黃色，是「Q」，所以是後件肯定，是無效論證形式，則另一面無論為P或非P都不會違反規則，因此不必確認。

4號卡片為紅色，是「非Q」，則另一面一定得為非P才不會違反規則，因此必須確認。

因此，正答是「2（圓形）與4（紅色）」。美國實驗結果顯示，在第一階段的卡片選擇中，大部分的學生會都會選擇2（圓形），有相當部分的學生會選擇2（圓形）與3（黃色），但是會選擇4（紅色）的不到一成（Wason, 1966）。但是，在第二階段的卡片選擇中，大部分的學生都能夠正確選擇2（17歲）與4（威士忌）（Wason & Johnson-Laird, 1972）。這兩個問題基本上是相同的邏輯問題，為什麼一般人在兩個問題上的答對率會如此不同？

Peter Wason原先認為這是一種思考上的確認偏誤（confirmation bias），意思是說，這是一種傾向於尋找能確認要檢驗的命題之偏差反應，因為翻閱2與3，只能用以確認「如果卡片的一面是圓形，那麼此卡片的另一面一定是黃色」這個命題，而不能用來否證它（只有翻閱4才能）。然而，後來的研究顯示，造成受試者錯誤反應的其實是思考上的相稱謬誤（matching bias），意思是說，受試者不是依據演繹邏輯做反應，而是看哪些卡片與要檢驗的命題內容相稱，由於「如果卡片的一面是圓形，那麼此卡片的另一面一定是黃色」這個命題的內容包括「圓形」與「黃色」，於是受試者就去翻閱與這兩者相稱的圓形與黃色。

然而，第二階段的卡片選擇作業，則是反映了日常經驗中的自然判斷：看到稚氣未脫的人（卡片2）買酒，我們會去確認他／她的年齡；反

之，看到顯然是成年人的人（卡片1）買酒，我們通常不會特別去檢查證件。同樣地，任何人買可樂（卡片3），我們都不會特別注意他的年齡，但是有人買酒（卡片4），我們就會注意一下他／她是否成年了。因此，美國的實驗結果顯示，儘管這個第二階段的考題與第一階段的考題在性質上是相同的，基於經驗的判斷卻導致我們在兩個問題上的答對率截然不同。這類實驗結果顯示，人類的邏輯判斷似乎並不永遠遵循邏輯法則；經驗有時候會幫助我們做正確的判斷，有時候卻會誤導我們接受錯誤的結論。綜合過去這方面推理思考的研究，顯示人類的邏輯推理能力並不如我們所預期的好，在思考上甚至常出現以下的偏誤（bias）：

　　1. 人類的推理過程常常違反某些邏輯法則。

　　2. 在某些情況下，多數人沒有能力正確地評估邏輯推論的有效性。

　　3. 在完全抽象的論證中，多數人表現出十分貧乏的邏輯推理能力。

　　4. 多數人對於自己的推理判斷能力常有過度的自信。

　　因此，知道我們在思考上的偏向，對於邏輯思考的有意識地加強與練習，似乎是我們做出較正確、較合理的道德思考判斷之先決條件。

給教師的小叮嚀

　1. 注意同學對於邏輯法則先備知識之個別差異。

　2. 注意同學對於邏輯法則的掌握，給予適當的增強。

　3. 可請同學蒐集道德思考與邏輯思考的案例。

　4. 提醒同學注意電視與大眾媒體違反邏輯的簡單洗腦，當心似是而非的思考邏輯陷阱。

附錄

有效無效動動腦

大前提：如果是人，就會死。

小前提：神仙不是人。

結論：所以神仙不會死。

這是「前件否定」，所以是無效論證。

大前提：如果是神仙，就會死。

小前提：壽星是神仙。

結論：所以壽星會死。

這是「前件肯定」，所以是有效論證。

大前提：如果是人，就會死。

小前提：神仙不會死。

結論：所以神仙不是人。

這是「後件否定」，所以是有效論證。

大前提：如果是神仙，就會死。

小前提：狗不是神仙。

結論：所以狗不會死。

這是「前件否定」，所以是無效論證。

動動腦，是正確論證嗎？

大前提：如果是臺灣人，就會講臺語。

小前提：張大名是臺灣人。

結論：所以張大名會講臺語。

這是「前件肯定」，所以是有效論證。

前提並不為真，所以不是正確論證。

大前提：如果是臺灣人，就會講臺語。

小前提：張大名會講臺語。

結論：所以張大名是臺灣人。

這是「後件肯定」，所以是無效論證。

大前提：如果你愛我，就要跟我發生親密關係。

小前提：你愛我。

結論：所以你要跟我發生親密關係。

這是「前件肯定」，所以是有效論證。

前提並不為真，所以不是正確論證。

大前提：如果愛臺灣，就會去服兵役。

小前提：張大名沒有服兵役。

結論：所以張大名不愛臺灣。

這是「後件否定」，所以是有效論證。

前提並不為真，所以不是正確論證。

延伸閱讀

Bernard Patten著，黃煜文譯（2010），《是邏輯，還是鬼扯？》（*Truth, Knowledge, or Just Plain Bull: How to Tell the Difference?*）臺北：商周出版社。（初版十三刷）

Julian Baggini & Jeremy Stangroom著，陳信宏譯（2010），《你以為你以為的就是你以為的嗎？》（*Do You Think What You Think You Think?*）臺北：麥田出版社。（初版七刷）

Galotti, K. M. (1989). Approaches to Studying Formal and Everyday Reasoning. *Psychological Bulletin, 105*, 331-351.

Van Hecke, M. L., (2007). *Blind Spots: Why Smart People Do Dumb Things*. New York: Prometheus Books. （《盲點——聰明人為什麼幹笨事？》，

黃怡雪譯，2010。臺北：大寫出版社)

Rachels, J. (Sixth Edition by Rachels, S.) (2010). *The Elements of Moral Philosophy*. Boston: McGraw Hill.

Wason, P. C. (1966). Reasoning. In M. Foss (Ed.), *New Horizons in Psychology*, Vol. 1. Harmondswrth: Penguin.

Wason, P. C., & Johnson-Laird, P. N. (1972). *Psychology of Reasoning: Structure and Content*. Cambridge, MA: Harvard University Press.

楊照（2010），《如何作一個正直的人2——面對未來的五十個關鍵字》。臺北：本事文化。

第二章
道德思考與邏輯原則

　　我們知道，任何道德議題都必須依賴一個無論是何種主張、何種觀點的人都能共同接受的邏輯規則作爲論證基礎。理由很簡單，如果有任何人告訴你，你「應該」做什麼……做什麼，你自然會問「爲什麼」你應該這樣做，如果對方給不出合理的理由，正常的反應是，你會拒絕這樣做，因爲對方的要求「沒有道理」。

　　因此，道德判斷與個人偏好、品味不同，如果一個人說：「我喜歡茉莉的香味」，他並不需要說明理由，因爲這只是關於個人的事實陳述，只要這個陳述正確地表達了一個人的感覺偏好，這句話必然爲眞。反過來說，如果一個人說某件事「在道德上是錯的」，那麼他就需要說明理由，如果他的理由是合理的，那麼其他人應該共同譴責這件事；同樣的道理，如果他說不出好理由，那麼他的說法便只是個人意見，不值得我們特別加以注意。

　　當然，並不是所有說得出來的理由都是好理由，其中有正確的論證，也會有不正確的論證，所謂道德思考能力就是要能分辨正確的論證與不正確的論證。但是，要如何分辨？如何評估論證的好壞？顯然，評估論證的有效、無效也許是比較容易的，判斷前提是否爲眞就比較困難。然而，更關鍵的問題也許是，我們在做判斷時，常常忘了檢視我們據以做判斷的前提是什麼。

　　我們以著名心理學家Tversky與Kahnemann所用的實驗材料來說明：

案例一　計程車問題

有一部計程車在深夜撞了路人之後逃逸。當地有兩家計程車行：綠色計程車行與藍色計程車行。**目擊者說肇事的計程車是藍色計程車**。根據測試結果，我們知道目擊者有80%的機率正確地指認出計程車的顏色，我們也知道當地的計程車中，有85%是綠色計程車，另外的15%是藍色計程車。

請問肇事車輛確如目擊證人所說，是藍色計程車的機率為多少？（假設目據證人是很誠實的）

選項：

⑴ 12%　　⑵ 80%　　⑶ 29%　　⑷ 41%

邏輯上，總共只有下列四種可能的情況：

1. 綠色計程車肇事，證人正確指認（80%的機率）
2. 綠色計程車肇事，證人錯誤指認（20%的機率）
3. 藍色計程車肇事，證人正確指認（80%的機率）
4. 藍色計程車肇事，證人錯誤指認（20%的機率）

根據測試結果，我們可以得到下列的數據：

證人指認肇事車輛	實際可能肇事車輛	
	綠色計程車	藍色計程車
	85	15
綠色計程車	85 * 80% = 68	15 * 20% = 3
藍色計程車	85 * 20% = 17	15 * 80% = 12

從表上可以清楚知道，在一百件肇事案件中，證人指認藍色計程車為肇事車輛的案件會有二十九件(17 + 12) ([0.8×0.15] + [0.2×0.15] = 0.29)，然而其中只有十二件（0.8×0.15 = 0.12）是真正藍色計程車肇事。因此，肇事案件是藍色計程車的機率是12/29，是41%。

大多數人知道這答案都會大吃一驚，因為大部分人都會認為既然證人

的正確率是80%，那麼藍色計程車犯案的機率自然是80%，但是他們忽略了證人有可能誤認綠色計程車為藍色計程車的機會。為什麼我們會忽略綠色計程車被誤認為藍色計程車的機率？我們可以這樣看，現在有一個大前提：「如果藍色計程車肇事（P），那麼目擊證人指認藍色計程車的機率是80%（Q）」。同時，由於我們思考的問題是「肇事車輛是藍色計程車的機率」，於是我們很直覺地將小前提訂為「證人指認藍色計程車肇事」，於是會得到錯誤的結論。換句話說，思考的主要盲點在於小前提並不為真！

這樣的思考盲點在日常對話中也常常出現，例如，有許多政治人物喜歡發誓：

大前提：如果我有罪，我就會出車禍。

小前提：我沒有出車禍。

結論：所以我無罪。

這個論證因為是後件否定，是有效論證，所以許多人也視它為正確論證，並不質疑發誓的有效性。很少人會注意到，此論證的大前提顯然並不為真，因為沒有任何證據支持「如果有罪，就會出車禍」這樣的因果關係，因此，這個論證即使是有效論證，也不是正確的論證。再以男女朋友之間常常會出現的對話為例：

大前提：如果你愛我，你就會順從我。

小前提：你愛我。

結論：所以你應該順從我。

這個論證是前件肯定的有效論證，但是並非正確論證。這個論證的盲點同樣出在大前提並不為真。通常，如果結論違反常理或違反自己的經驗，很容易讓我們會回頭檢視前提是否為真，但是如果結論符合我們自

己的信念時，我們就不大容易發現前提並不爲眞的事實，而接受錯誤的結論。例如，有朋友要求你幫忙作弊，你想拒絕，但是他說：

（大前提）如果你是我的朋友，你就會幫我。
（小前提）現在你不幫我。
（結論）所以你不是我的朋友。

　　這樣的論點，從邏輯形式來看，是後件否定的有效論證，但是問題出在大前提並不爲眞，因爲朋友互相幫忙並非無條件的絕對道德原則，更何況作弊的結果可能是害了朋友，而不是幫了朋友。因此，在道德抉擇上就不應該接受這樣的結論。

　　一般而言，許多我們習而不察的道德信念常常成爲我們進行道德判斷時的大前提，例如，「如果以人爲手段，就是不道德」；「如果殺人，就是不道德」；「如果是效益最大的行爲，就是道德的行爲」；「如果是人，生命都是等值的」等等，通常，每一種情境、案例或議題，都會牽涉到個人許多不同的道德信念，因此，道德思考的核心就是對這些作爲大前提的道德信念加以檢視、加以澄清，以了解在特定的情境下，這些道德信念是否爲眞。

　　請試試看對於下面的命題，你／妳會做何種判斷。

如果救人是道德。
救朋友比救陌生人更道德。
選項：(1)是。　(2)不是。　(3)不一定。

救父母比救朋友更道德。
選項：(1)是。　(2)不是。　(3)不一定。

救一人比救十人更道德。
選項：(1)是。　(2)不是。　(3)不一定。

讀者應該很容易發現，道德論證的好壞不容易區辨，也沒有簡便的方法可供應用。論證在任何時候都可能出錯，因此我們必須了解道德思考中邏輯論證可能有的思考陷阱與後遺症。事實上，這並不是道德思考獨特的現象，在任何領域，對固定思考的挑戰永遠是批判性思考，道德思考也不例外。

　　在檢視作為前提的命題是否為真時，我們必須了解人在思考上有確認偏誤、喜歡使用捷思法，因此對於前提是否為真的判斷容易犯錯，就像前面計程車的問題一般。

　　我們再以Tversky與Kahnemann的實驗來試試自己的判斷能力：

案例二　猜猜瑪莉的職業

　　瑪莉是一位聰明、坦率的三十二歲未婚女性，並且擁有社會學學位。在大學時代，她活躍於校園內的政治活動，尤其關心種族歧視與貧窮的社會問題。除此之外，瑪莉也主張動物權、墮胎合法化、反全球化以及參加反核大遊行。目前她認真投入諸如能源再生、氣候變遷等環境議題。

　　以下列出描述瑪莉的四個句子，請就上述對瑪莉的描述，以1-5判斷這些句子正確與否。1代表非常不可能正確，5代表非常有可能是對的。

　　　1. 瑪莉是一位精神科社工人員。

　　　2. 瑪莉是一位銀行行員。

　　　3. 瑪莉是一位保險業務員。

　　　4. 瑪莉是一位提倡女性主義的銀行行員。

　　問題：在評定完上述四個句子的正確可能性後，請問哪一個句子對瑪莉的描述最有可能是正確的呢？

　　選項：(1) 1　　(2) 2　　(3) 3　　(4) 4

　　根據機率原則，瑪莉是「銀行行員」的機率不會小於她是「提倡女性主義的銀行行員」的機率。因此，如果受試者的思考方式符合機率原則，

他們就會選銀行行員。然而，實驗結果顯示，不論受試者有沒有修過基礎統計學，乃至於修過進階課程，有85-90%的人，在排序上違反了上述的機率法則。換句話說，受試者並未以合於機率法則的方式思考。

顯然，由於瑪莉的個性看來很像典型的女性主義者——關心公平正義、勇於表達等等，因此她比較像「在銀行工作的女性主義者」，比較不像小心謹慎、按規矩辦事的「典型銀行行員」。準此而論，假如受試者根據「瑪莉看來像哪類人」去做反應，他自然會覺得，瑪莉是「提倡女性主義的銀行行員」的可能性高於她是「銀行行員」的可能性。這正是運用代表性捷思法（representativeness heuristic）的具體表現。

舉另一個例子來說，假如你在美國某地遠遠看到一個身高約一百七十公分、深色頭髮的人，走進一家日本人開的商店，你會認定你看到的不是西洋人，而是一個東方人，因為他的身體特徵（身高、頭髮顏色）與行為特徵（走進日本人開的商店），都像是個典型的（具有代表性的）東方人，而認定他是東方人。

捷思法只是一種權宜性的簡便方法。通常，使用捷思法的結果可以說是「雖不中亦不遠矣」。這樣的方法可以讓我們以略微犧牲精確性的代價，換得思考上的效率，大大提高心智工作的成本效益。然而，在某些情況下，捷思法卻可能造成判斷上的錯誤：例如，因為最近才看到幾件車禍的電視報導，便認為發生車禍的頻率遠高於心臟病的發生：或將一個較矮小、黑髮的白種人看成黃種人等。

由於人們的思考並不通常遵循邏輯法則，又常受到經驗直覺、思考偏誤，以及捷思法的影響，思考上常常出現盲點，甚至會出現後果嚴重的錯誤判斷！下面是一個標準的案例：

案例三　靠運動彩發財？

阿土是棒球迷，職棒比賽他幾乎每場都會準時收看。有一天他收到署名**職棒結果預測股份有限公司**的電子郵件，裡面只寫了一行字：

10月12日，中信兄弟隊會贏。

阿土認定這封信一定是這家公司的宣傳手法，憑機率預測，並不以為意。然而，10月12日阿土準時收看比賽，結果兄弟隊果然贏了。過了一個星期，阿土又收到另一封預測統一獅隊會贏球的信，而統一獅的確也在那週贏球了。連續五週阿土收到的信都準確預知比賽結果，第五週的信上還寫著：「**若要收到下次比賽的預測結果，請使用信用卡網路付款八千元。**」

阿土心想，它的預測那麼精準，一定是有內部消息，我用它的預測去買運動彩券，那不發大財？於是馬上上網付了八千元，也如期收到了第六週的預測結果，並且根據預測買了運動彩券。結果，第六週真的如預測公司所言，阿土的彩券果然中獎。阿土很興奮，馬上又付錢給預測公司，並加碼買了第七週的彩券。沒料到，第七週的預測竟然錯誤，害阿土損失了不少金錢。阿土覺得很奇怪，想了又想，終於恍然大悟，發現自己因為一時的貪念被預測公司玩弄了。

請問阿土是想到了什麼，而發現自己被玩弄了呢？

選項：

(1) 預測公司依賴運氣，不依賴機率。

(2) 預測公司收了錢就不會告訴他預測結果。

(3) 預測公司的預測之所以正確是每次預測都是獨立事件，因此連續預測正確的機率並非千分之二，而是二分之一。

(4) 預測公司的預測之所以正確是操弄收信者樣本來的。

事實真相是：職棒預測公司購買數以百萬計的電子郵送地址，寄送第

一封信件時，一半的收信者收到預測兄弟隊會贏的信件，另一半的收信者收到預測對手會贏的信件。換句話說，無論結果如何，都有至少五十萬人收到預測正確的信件。然後預測公司針對收到預測正確信的人繼續寄送第二封信件，同樣是一半的人收到預測統一獅會贏的信件，一半收到預測對手會贏的信件。如此繼續下去，儘管收到錯誤預測結果的人遠比收到預測結果正確的人多很多，總會有一些人永遠都收到預測正確的信件（連續五次收到正確預測結果的便至少有三萬多人），只要他們在收信過程中像阿土一樣心動，匯款過去，預測公司便花小錢賺大錢了。

根據Tversky等人的實驗研究，一般人即使沒有受過統計學訓練，依然有能力做出合乎統計原則的歸納推理，特別是當推理的人能注意到「取樣的範圍與方式」、「隨機因素的影響」等等時，其歸納推理方式便十分可能包含了統計原理的基本精神。然而，統計學及其基礎理論「機率論」畢竟是歷經數百年才發展成熟的學問，要說一般人都能依據統計學原理，用有系統的思考方式去進行歸納推理，確實是件難以想像的事。因此，一般人多半是依賴一些直覺式的推理，雖然此種推理方式往往簡便、有效率，卻也可能犯下推理上的錯誤，就像阿土所犯的思考偏誤，被稱為「對樣本量的不敏感性」（insensitivity to sample size）。意思是說，人們在推理類似的事件時，並未將樣本大小列入考慮。當然，從另一個角度來看運動彩，只要所有彩券都賣光了，就一定有人中獎。在這種情況下，「運動彩券」的中獎事件則成為「非機率事件」，而非「機率事件」。換句話說，阿土的思考盲點一方面在於對樣本量的不敏感，一方面在於將非機率事件視為機率事件。

道德思考或道德抉擇所涉及的影響層面、考慮因素常常十分複雜，如果我們能先認識自己思考的清晰度，了解人類思考上的偏誤與盲點，並經常鍛鍊自己的邏輯思考能力，那麼我們因為做錯判斷而後悔的機會便會減少很多！

參考文獻

Tversky, A. (1972). Elimination by Aspects: A Theory of Choice. *Psychological Review.* 79, 281-299.

Tversky, A., & Kahnman, D. (1973). Availability: A Heuristic for Judging Frequency and Probability. *Cognitive Psychology,* 5, 207-232.

Tversky, A., & Kahneman, D. (1974). Judgment Under Uncertainty: Heuristics and Biases. *Science,* 185, 1124-1131.

Tversky, A., & Kahneman, D. (1982a). Evidential Impact of Base Rates. In D. D. Kahneman, P. Slovic, & A. Tversky (Eds.), *Judgment Under Uncertainty: Heuristics and Biases.* Cambridge, UK: Cambridge University Press.

Tversky, A., & Kahneman, D. (1982b). Judgments of and by Representativeness. In D. D. Kahneman, P. Slovic, & A. Tversky (Eds.), *Judgment Under Uncertainty: Heuristics and Biases.* Cambridge, UK: Cambridge University Press.

第三章
道德抉擇的本質
原則與結果

　　一般而言，道德思考通常並非假想性的議題，因此其前提必須爲眞，才能保證結論爲眞。也就是說，道德思考除了推論要符合邏輯原則之外，還必須有眞假判斷，只有確定道德推論的前提爲眞時，我們才能放心地接受這個道德推理的結論。根據此一論述，讀者應該已經了解，道德判斷有兩個重點：(1)首先，必須衡量道德推理的有效無效，也就是必須檢視道德判斷的推論過程是否合乎邏輯法則；(2)若推論合乎邏輯，則接著必須衡量作爲道德推理的前提之道德原則是否爲眞、作爲道德推論的基本假設是否爲眞。以邏輯的術語來說，道德思考不僅必須是有效論證，而且必須是前提爲眞的正確論證，我們才能夠放心接受作爲行爲的準則。

　　然而，實際的道德抉擇除了考慮是否合乎邏輯、前提是否爲眞之外，還有現實的行爲結果必須考量。例如，即使道德思考上確立了誠實的道德原則（「如果說謊，就是不道德的。」），如果實踐誠實原則的結果是：朋友會被恐怖分子抓走，那麼究竟是要遵行道德原則讓朋友被抓走？還是以朋友的安危爲重，寧可違反道德原則？這個道德抉擇就會顯得特別困難了。顯然，在做道德抉擇時，除了必須考慮行爲的原則依據之外，還必須衡量行爲選擇的結果。據此，我們可能必須說，道德抉擇通常除了必須考慮行爲的理由是不是建立在正確論證的基礎上之外，還必須考慮行爲結果對所有關係人會造成何種影響。

　　一般而言，行爲結果的最基本考量自然是：行爲結果會帶來正向影響還是負向影響？換句話說，就是「利」與「害」的權衡。其次是，會受到正向影響的人是哪些人？影響的程度有多大；會受到負向影響的人是哪些人？影響的程度有多大。然而，由於行爲結果多半發生行爲抉擇之後，也

就是發生於未來，因此我們對於結果的估量通常還必須包含對於發生機率的計算，以及以機率計算爲基礎的期望值之估算，這當然也使得我們對於行爲結果的利害計算變得十分複雜而難以掌握。

顯然，從邏輯法則、道德原則，一直到行爲結果，這些都是我們在做眞實的道德抉擇時，必須思考、必須考慮的面向。因此，我們認爲在面臨道德抉擇時，可以圖3-1作爲基本思考架構，幫助我們在面臨道德判斷、道德抉擇時，釐清問題、做出決策。

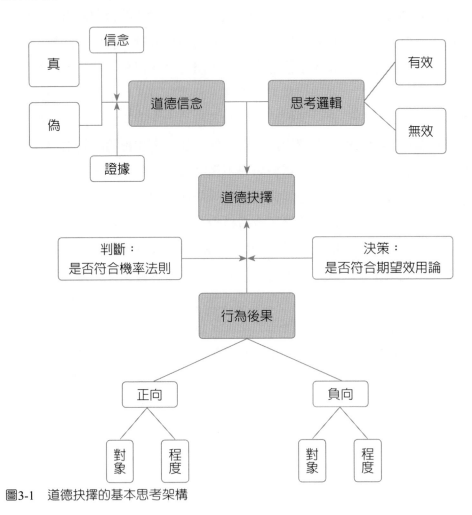

圖3-1　道德抉擇的基本思考架構

舉一個實例來說明如何用這一個道德思考架構來幫助我們思考：2011年2月22日《天下雜誌》刊登了一篇報導文章：〈少子化原兇：企業濫用責任制〉，該文引述一位教授的說法：

「臺灣人工時這麼長，誰有時間養育小孩，跟日本一樣，生育率驟降絕對與工時有關。」

首先，我們可以把這句話化成下列邏輯形式，以便檢視這種說法的邏輯合理性：

（大前提）如果工時長（P），生育率就會降低（Q）。
（小前提）現在臺灣生育率低（Q）。
（結論）所以臺灣工時太長（P）。

說這句話的人的邏輯顯然是：因為企業濫用責任制，以致員工工時太長，從而企業要為臺灣的少子化負責任。由於大前提：「如果工時長（P），生育率就會降低（Q）」是講此話的人之基本假設，因此我們可以先檢視：如果這假設是對的，推理合不合邏輯？「若P則Q，Q⇒P」為**後件肯定**邏輯推論，顯然是無效論證，這是一個單純用思考邏輯便能清楚辨識各種說法有效性的具體例子。

下面我們再用一個Rachels書上所舉（Rachels, 2010a），歷史上發生過的故事，來看這樣的道德思考架構，如何作為道德判斷的分析架構：

案例一　Baby Theresa

Theresa Ann Campo Pearson於1992年出生於美國佛羅里達州，她一出生就被判定為無腦症（anencephaly）。所謂無腦症是缺了大腦與小腦，卻還有腦幹維持自主神經系統，因此，這小嬰兒還能呼吸，也有心跳。由於無腦症能早期發現，因此大部分無腦症胎兒的父母都會選擇以人工流產方式

處理。即使不做人工流產，無腦症胎兒出生時有一半的機會是死產。但是，即使如此，在美國，每年仍然有大約三百五十位無腦兒出生，而他們通常也會在幾天內自然死亡。Theresa的父母知道他們的嬰兒將在幾天內死亡，而且沒有意識，因此，做了一個非比尋常的決定。他們決定將Theresa的腎臟、肝臟、心臟、眼角膜等捐出來，給其他生病的嬰兒做器官移植。醫師也同意了這項要求，因為他們知道有許多的嬰兒正在等待器官做移植手術。但是，佛羅里達州的法律禁止活體移植，問題是，如果等Theresa自然死亡後再移植，因為器官已經衰竭壞死，就無法使用了。於是，Theresa的父母決定向佛羅里達州政府申請特准這項活體移植手術。

你認為佛羅里達州政府是否該特准這項活體移植手術的進行？

選項：

(1)應該，因為為了造福更多的人，可以犧牲少數人。

(2)不應該，因為我們不可以任何理由殺人。

(3)不應該，因為我們不能利用人作為達成任何目的之手段。

如果逐一來檢視這些可能作為道德抉擇的理由，便會發現所有這些理由都可以化為邏輯推論，也會發現，這些理由不是基於道德原則的信念，便是基於行為結果所帶來的利與害之考量：

一、「為了造福更多的人，可以犧牲少數人」

此論點的思考邏輯以圖3-1來說明的話，主要是以「行為後果」所帶來的利與害作為考量的基礎。此論點可化為以下的三段論句：

（大前提）如果可以造福多數人，則應該犧牲少數人。

（小前提）進行Theresa的活體移植手術可以造福許多嬰兒。

（結論）應該犧牲Theresa，進行活體移植手術。

要看這結論是否為真，首先，我們必須先看這結論是否合乎邏輯，也就是說必須先檢視此論證是否為有效論證。大前提「若P（如果可以造福多數人）則Q（則應該犧牲少數人）」，小前提P（進行Theresa的活體移植手術可以造福許多嬰兒），於是得到Q（應該犧牲Theresa，進行活體移植手術）的結論。顯然，此為前件肯定的條件句形式，因此是有效論證。

但是，緊接著，我們必須檢視大小前提是否為真，才能確定結論是否為真。大前提是效益主義的道德原則：「只要行為結果帶來的利益大於不行為所帶來的利益」，就是道德的行為，因此可以視為信念而接受其為真。但是問題是，反映行為結果的小前提：「進行Theresa的活體移植手術可以造福許多嬰兒」是否為真？顯然，要確定這個小前提為真，對於手術結果的掌握至少還必須考慮下面兩種狀況：

1. **移植手術成功的機率**。因為除非手術成功，Theresa才有機會造福其他嬰兒，但是所有的手術都有風險，何況是移植手術。

2. **手術成功是不是一定代表造福其他嬰兒**？或許是，或許不是，因為其他嬰兒與Theresa一樣，沒有能力為自己做決定或表達意願。他們可能也是身體狀況很差的嬰兒，藉著器官移植存活下來之後的人生是否帶來嬰兒他自己或家人的幸福，也是很難預測的。

此一論證的小前提是對於行為結果可能帶來的利與害之權衡與推論，但是，任何行為的利益永遠包含了從社會到個人、從實質到心理層面、從期望值到實際效果的不同考慮，許多結果無法量化，影響層面也難以衡量。以Theresa的例子來說，就連我們認為會帶來正向的結果也有上述無法預測與掌握的層面，會帶來負面結果的考慮是否就更需要仔細斟酌？例如，雖然Theresa沒有意識，在幾天後就會死亡，但是手術會不會造成她的痛苦？Theresa如果能多活幾天，是否一定沒有奇蹟或變化出現？

因此，如果要從行為後果來考量何種行為是對的行為，結果的發生機率、結果的期望值、結果的影響對象，自然都是必須審慎考量的因素。

二、「我們不可以任何理由殺人」

這個理由與上個理由不同的地方是，它不是從權衡行為後果的利害角度出發，而是基於「殺人是不道德的」的基本信念。同樣地，此論點也可以化為以下的三段論證：

> （大前提）如果殺人，就是不道德的。
>
> （小前提）進行活體移植手術會殺死Theresa。
>
> （結論）進行Theresa的活體移植手術是不道德的。

如果以圖3-1來說明的話，我們可以先檢驗此論證的邏輯性，顯然，這個論證也是前件肯定（若P則Q，P⇒Q），因此是有效論證，邏輯上是站得住腳的論證。接下來，我們必須繼續檢視前提是否為真，才能確定要不要接受以此前提所導出的結論。這裡的大前提「如果殺人，就是不道德的」，是道德原則，它可能是個人或團體的信念（例如，「人類是上帝所創造的」），也可能是證據支持的想法（例如，「人類是從動物演化來的」），信念與證據都必須經過檢驗才能判定真偽。

如果我們相信任何情況下都不能殺人，那麼不可殺人便是絕對道德，相信並接受此道德原則的人，很自然地只能選擇拒絕當兵、拒絕死刑、拒絕安樂死、拒絕墮胎。在此信念下，如果我們清楚知道動手術的結果就是Theresa會死亡（小前提），那麼，在大前提小前提都為真的情況下，道德抉擇自然就很清楚：「不應該進行手術」。然而，「不可殺人」的大前提究竟是絕對性的道德原則，還是允許有例外的道德原則？

首先，如果我們認為「不可殺人」是絕對道德，就會遇到一個基本問題：什麼是絕對道德？是誰規定的道德原則？所謂絕對道德通常只能來自絕對的權威，例如上帝。但是即使聖經上的義人亞伯拉罕，只要是上帝的旨意，連自己的兒子都可以獻祭，因此，「不可殺人」是絕對道德嗎？

其次，如果「不可殺人」是允許有例外的道德原則，那麼，我們會遇

到另一種問題：什麼情況是允許有例外的情況？Theresa的情況是可以被容許的例外嗎？要回答這個問題，我們可以先試著檢驗自己對下列問題的答案：

如果殺人，就是不道德。
現在老虎殺人，所以老虎是……
(1)不道德　(2)道德　(3)無法確定
現在劊子手殺人，所以劊子手是……
(1)不道德　(2)道德　(3)無法確定
現在司機不小心撞死人，所以司機是……
(1)不道德　(2)道德　(3)無法確定
現在司機故意撞死人，所以司機是……
(1)不道德　(2)道德　(3)無法確定
現在張先生為了救一個人而殺了人，所以張先生是……
(1)不道德　(2)道德　(3)無法確定
現在張先生為了救父母而殺了人，所以張先生是……
(1)不道德　(2)道德　(3)無法確定

理論上，如果我們接受大前提「如果殺人，就是不道德」，則按照邏輯法則來思考，上述論題形式都是前件肯定，因此，結論應該都是「所以，……是不道德的」。然而，我們會發現，我們在做這些判斷時，很難做出一致的結論。我們做這些道德判斷時會因為行為主體的屬性、角色、動機、結果，而做出不一致的決定。從這樣一個簡單的例子看來，顯然，「如果殺人，就是不道德」這一個大前提，在現實社會中並非是永遠為真的絕對性道德原則。接下來要思考的自然是我們要不要接受Theresa的情況是可以被容許的「非不道德」的殺人？

三、「我們不能利用人作為達成任何目的之手段」

　　這個論點與上個論點一樣，不是基於行為結果的考慮，而是基於道德原則所做的判斷。但是，這個道德原則不是「不可以任何理由殺人」的道德原則，而是「人是目的，不可以為其他任何目的之手段」的道德信念，根據這個信念，「我們不可以用殺人作為救人的手段」。同樣地，此論點也可以化為以下的三段論證：

> （大前提）如果是人，就只能是目的不能利用作為手段。
> （小前提）Theresa是人。
> ──────────────────────────
> （結論）不可以利用Theresa作為救活其他嬰兒的手段。

　　同樣以圖3-1來說明這個論點，就此結論是否合乎邏輯而言，顯然，這個論證是**前件肯定**的有效論證（若P則Q，P⇒Q），在邏輯上是站得住腳的。接著，我們就必須檢視前提──「人是目的，不能利用作為手段」是否為真。何種作法是將人當作手段？簡單的說，就是「利用」特定人作為達成其他人目的之行為。例如，日常生活裡，如果有人想要認識某位政要，就特意去接近朋友中認識這位政要的人，找機會讓朋友介紹這政要給他，那麼，這人就是想「利用」朋友，達成他自己認識某位政要的目的。如果這人的朋友知道這人和自己親近是為了結交政要，而不是因為想和自己做朋友，一定勃然大怒。為什麼？因為覺得自己「被利用」了！凡是為了自己的利益，用操弄、欺騙或者強迫的手段讓人為自己或特定人服務，都稱為「利用人」。再例如，複製人在技術上已經成熟了，我們如果複製自己，以備移植器官之用，便是要利用複製人達成讓自己健康長壽的目標。問題是，即使是自己的複製人，如果複製人是獨立的生命個體，我們有權利這樣做嗎？

　　大前提的「人是目的，不能是手段」是一種信念，是「人權宣言」裡所標示的普世價值，因此，是大部分人類社會所共同接受的道德原則。如

果我們也接受這個道德原則，認爲其爲「眞」（true），那麼只要看小前提是否爲眞，就可以判斷結論是否合理了。只要我們認爲人只能是目的，不能是其他任何目的之手段，只要我們承認Theresa是人，那麼結論的合理性就很清楚了。

　　綜合上面的論述，我們可以清楚了解，無論是關於個人的日常生活抉擇，例如，要不要冒著失去朋友的風險對朋友說實話、要不要順從父母的意願選擇婚後與父母同住……等等，還是關於公共事務的選擇，例如，要不要贊成代理孕母合法化、要不要支持廢除死刑……等等，都會牽涉到思考邏輯、道德原則，以及行爲結果，常常練習將生活中所遭遇的抉擇難題以圖3-1的思考架構加以分析，也許能夠讓我們慢慢了解「所欲有甚於生者，所惡有甚於死者」的道理，活得更明白，死得更無憾！

參考文獻

Rachels, J. (Sixth Edition by Rachels, S.) (2010). What is Morality? In *The Elements of Moral Philosophy* (pp.1-13).Boston: McGraw Hill.

第四章
道德有客觀標準嗎？
兼論文化相對觀點

　　我們已經反覆說明正確的道德推理，其必要條件有二：「論證必須為有效論證」與「前提（不論大前提或小前提）為真」，缺一不可。論證的有效、無效，透過邏輯原則的熟練，一般人在判斷上都不會有太大的問題，但是對於前提是否為真的判斷，由於常常牽涉到信仰、信念、知識、經驗等等，就顯得複雜多了。例如，有人堅持「墮胎是不道德的」，有人堅持「同性戀是不道德的」，也有人堅持「一夫多妻是道德的」，堅持「女性應該順從父兄的意見」，有人堅持就是有人相信這些是道德原則，是「永遠為真的前提」。但是，顯然也有很多人不會同意前述那些說法是理所當然的前提。如果我們因為有人同意、有人不同意，就以「公說公有理，婆說婆有理」來認定世界上所有有爭議的事情都是無法確認真偽的，是必須互相包容的，那麼，我們顯然就會以「道德是沒有客觀標準的」來作為不同社會間道德規範互相出入、各有歧異的註腳，不會想認真思考不同道德規範的道德前提是否有可以判斷優劣、分辨真偽的客觀標準。

　　傳統的社會科學家相信道德規範是社會所建構出來維持社會秩序的產物，大多數人認為什麼是對的行為，什麼是錯的行為，便成為該社會的共識，從而成為規範人們行為的標準。因此，他們認為道德原則自然也是文化相對的，沒有客觀的標準。但是，近代有不少學者開始主張，道德其實也是科學，有其生物根源，因此也有其客觀標準。他們認為，道德規範其實就是人類看世界的眼光，人類的思考有其共同基礎，文化表現只是在共同基礎之上的變異，就像語言一樣。

　　語言是思考的主要媒介，這個世界有那麼多種不同的語言，每種語言的詞彙與語法常有很大的差異，中文的彩虹代表七種顏色，有些語言代表

五種（例如古英語）或八種顏色（例如古日語），也有些只代表兩種顏色（例如琉球語），這些不同語言的使用者，會不會因為語言的不同而用不同的眼光來看世界，例如，只看到五種或兩種顏色？

此外，有一種流傳極廣的說法，說愛斯基摩人的語言裡有幾百個用來描述「雪」的字眼，相對地，無論是中文或英文，能湊出幾十個描述「雪」的字彙就很勉強了，因此，我們會揣測，是不是愛斯基摩人眼中的世界，特別是關於「雪」的部分，與我們所看到的世界有很大的不同，以至於字彙的數量才會有這麼大的差異？

關於語言與思考的關係這方面早期的研究顯示，對於色彩或形狀的認知與記憶基本上決定於關於事實的認定，而非語言因素，換句話說，儘管愛斯基摩語中關於雪的性狀之字彙遠多於中文，愛斯基摩人與華人對於雪的形狀或色彩、聲音的知覺辨識能力其實是一樣的。但是，後來更精細的實驗設計卻顯示，語言的因素對於色彩或形狀的認知還是有相當的影響。換句話說，我們還是有可能因為語言的限制而使用不同的思考方式。這就是有名的語言相對假說。

Kahneman與Tversky曾做了一系列實驗，闡明語言會為思考架設一個框架，從而影響到思考，下列實驗便是其中的經典實驗。根據這樣的實驗結果，顯然，描述不同方案的語文呈現，對受試者的判斷會有很大的影響。

現在讓我們先來看這個例子：

案例一　亞洲疾病

想像美國正在為一場將爆發的不尋常的亞洲疾病預作準備。這次疫情預計將奪走六百條人命。有A、B兩個方案被提了出來。假設對這兩個方案所做的科學精確評估結果如下，你會贊成採取哪一個方案？

A方案：確定會有200人獲救。

B方案：有1/3的機會讓600人均獲救，2/3的機會無人獲救。

選項：

⑴ A方案。

⑵ B方案。

Kahneman與Tversky的實驗結果：72%的人選擇A方案；28%的人選擇B方案。

案例二　火山地震

　　想像美國正在為一場將爆發的不尋常的火山地震預作準備。這次地震預計將奪走六百條人命。有C、D兩個方案被提了出來。假設對這兩個方案所做的科學精確評估結果如下，你會贊成採取哪一個方案？

　　C方案：確定會有400人死亡。

　　D方案：有1/3的機會無人死亡，2/3的機會讓600人均死亡。

　　選項：

　　⑴ C方案。

　　⑵ D方案。

Kahneman 與Tversky的實驗結果：22%的人選擇C方案，78%的人選擇D方案。

　　在這個實驗中，亞洲疾病中的A方案其實就是火山地震中的C方案；同樣地，亞洲疾病中的B方案其實就是火山地震中的D方案。但是，實驗結果卻顯示，亞洲疾病中選擇A方案的有72%，但是在火山地震中選擇C方案的卻只有22%；反過來說，亞洲疾病中選擇B方案的有28%，但是在火山地震選擇D方案的則高達78%。Kahneman 與Tversky認為其中原因可能是，在A方案與B方案之間做選擇的人會覺得，既然A方案保證會救活二百人，B方案則有三分之二的機會沒有救活半個人，因此，放棄A方案選擇B方案，形同拿二百人的生命去做賭注，賭更多人獲救的機會。反過來看，在C方案與D方案之間做選擇的人會覺得，既然採行C方案的結果必然有四百人無法倖免，不如冒險採行D方案，說不定因此救活所有的

人。

這樣的實驗結果生動地闡明，陳述問題的語言會設定一個思考框架，使思考偏向某個特定的方向。因此，Kahneman與Tversky將這種語言對思考所造成的影響稱為**框架效果**（**frame effect**）。（註：Kahneman是2002年諾貝爾經濟獎得主）

一、道德的標準與事實的判準

如果語言會為思考設定框架，那麼文化必定是另一個無形而強力的框架。事實上，不同的文化也的確為人設定了不同的道德準則、不同的社會規範，然而，我們所觀察到的多元文化現象與多元社會規範現象是不是就意味著：道德規範很難有跨文化的、客觀的共同準則？既然無法有客觀的道德原則作為道德思考的前提，則在前提無法確定為真的情況下，基本上便只能以行為結果來判斷行為的善惡對錯。換句話說，善惡對錯只能依情境、對象而定，因此現實情況是多元道德的世界。這就是文化相對論者所主張的**多元道德**觀點，他們的思考邏輯基本上是這樣的：

> 大前提：如果有客觀的道德原則，那麼就有絕對的善惡對錯。
> 小前提：人世間沒有客觀的道德原則。
> 結論：人世間沒有絕對的善惡對錯。

這樣的觀點是否立論在正確的思考基礎上呢？首先，從邏輯法則來看，這是前件否定（「若P則Q，非P⇒Q」），因此顯然是一個無效論證；其次，大前提「如果有客觀的道德原則，那麼就有絕對的善惡對錯」雖然沒有問題，文化相對論者所主張的小前提「人世間沒有客觀的道德原則」是否為真？人世間是否沒有客觀的道德原則？這個前提顯然大有爭論的空間。為什麼？要回答這個問題，我們先以下列論述來完整介紹Rachels針對文化與道德原則的關係之精闢見解（Rachels, 2010）。

二、多元文化就是多元價值嗎？

古代波斯帝國的國王Darius因為經常周遊列國，知道許多有趣的文化差異。例如，印度的高蘭地人（Gallantians）在父親死後會將父親的遺體吃掉，而希臘文化卻是在舉行儀式後將父親遺體火化。Darius認為成熟的思考應該是能體認並欣賞文化的差異。有一天，為了教導他的想法，他問了他朝廷裡的希臘人他們對於吃父親遺體行為的看法，這些希臘人震驚到無以復加，回答國王說，即使給他們再多財富也不可能讓他們做出這樣的行為。之後，國王叫進一些高蘭地人，然後當著希臘人的面問這些高蘭地人，對於燒掉父親遺體的看法，這些高蘭地人表現出無限驚恐的樣子，請求國王不要說這麼可怕的事。

顯然，不同的文化有不同的道德原則（moral code），在某個團體裡被認為是理所當然的事，對另一個團體的成員可能是非常可怕的事。我們可以燒父親的遺體嗎？如果你是希臘人，這是正確的作法，但是如果你是高蘭地人，你就絕對不會這樣做。

這種文化差異的例子其實很多，以二十世紀初至二十世紀中期散居阿拉斯加、格陵蘭等嚴寒地區的原住民，通稱愛斯基摩人（Eskimos）為例，他們因為聚落很小，遠離其他族群，因此發展出許多與其他文化不同的習俗。例如，男人通常多妻，並且大方與客人共享他們的妻妾，以表示好客。同時，有權勢的男人可以隨時接近他人的妻子。至於他們的妻子，如果不想接受這樣的安排，他們的丈夫也沒有意見的話，可以選擇離開他們的丈夫，另尋伴侶。總而言之，他們的婚姻制度是與現代社會很不同的。

事實上，愛斯基摩人不僅在婚姻制度與性行為方面與其他社會有很大差異，他們對待生命的方式也十分獨特。殺嬰事件在愛斯基摩社會是很常見的，有一個探險家Knud Rasmussen說他碰到一位愛斯基摩婦人，總共生了二十個嬰兒，但是在出生時就將其中的十個嬰兒給殺死了。被殺的嬰兒通常是女嬰，而且這樣做被視為是父母的選擇與權利，不會有任何社

會制裁。甚至，當家中的老人如果身體已經十分衰弱，便會被丟到雪中等死。因此，以外界的眼光來看，在愛斯基摩社會裡，似乎十分欠缺對生命的尊重。

從我們的觀點，上述這些習俗簡直可以說是不道德的，實在難以想像這樣的生活態度，同時因為我們太習慣於自己的文化，以至於會認為愛斯基摩文化是「退化的文化」或「原始文化」。但是，從人類學家的角度來看，愛斯基摩人並沒有比較特別，因為從一開始人類學家就認定對錯觀念是有很大的文化差異的，任何特定文化的道德原則或倫理觀念並不一定能夠被所有其他文化所共同接受。

三、文化差異的意涵──價值觀抑或信仰／信念的差異？

然而，雖然道德行為的文化變異性顯而易見，但是，文化差異的背後一定是價值差異嗎？不一定，事實上最可能是信仰差異。例如，某個社會相信人的靈魂死後會附身於動物，特別是牛。因此他們即使食物不夠，還是堅決不肯殺牛來吃，因為牛可能是某些人的祖父或祖母。這種視牛為神聖而不殺牛的行為，與我們以牛為食物的社會相較，是價值上的差異嗎？不，其實是信仰上的差異。因為兩個社會都同意不可以吃祖母，但是對於牛是否是祖母有不同的意見。換句話說，價值觀相同，信仰不同。當然，信仰的內容與各文化、社會對事實的認定有很大的關係。換句話說，影響各個社會傳統習慣的因素不只有價值系統，還包含了宗教信仰、環境生態，以及知識信念等等。因此，不能說觀察到兩個社會的文化習俗不同，就下結論說，這兩個社會的價值觀不同。

以愛斯基摩人殺嬰的例子來說，這在我們社會是不被容許的，做這種事的父母甚至會被判刑。因此，表面上看來，好像這兩個社會的價值觀是不同的。好像愛斯基摩人比較不尊重生命，比較不愛他們的子女。事實上，在情況允許的時候，愛斯基摩人是非常照顧他們的小孩的。但是，他們為什麼殺嬰？因為他們的生活環境十分嚴苛，只要稍微錯估環境，就

會有性命的危險，例如，由於他們生活在冰天雪地的環境，不適合耕種，打獵是最主要的食物來源，因此他們必須常常遷徙，尋找食物。而在遷徙或做戶外工作時，一個母親最多只能背一個小孩，也因此愛斯基摩的母親需要親自照顧子女至少到四歲。當然，最重要的因素是，愛斯基摩人缺乏節育的觀念，意外懷孕所在多見。但是，即使如此，殺嬰通常還是父母在不得以之下所做的最後抉擇，在殺嬰之前，父母會想盡辦法尋求讓其他較富裕或不育家庭收養嬰兒的可能性。至於為什麼殺女嬰？原因主要有二：⑴食物的主要供應者是男性，因為食物短缺，男嬰自然較被保護。⑵打獵風險高，男性早逝比率遠高於女性。從統計數字估算，若男女嬰出生率相同，愛斯基摩社會中的成年男女性比例會成為1：1.5。

因此，無論是對小孩的態度而言，還是生命價值觀而言，愛斯基摩社會與我們現代社會並無軒輊，只是他們的生活條件惡劣，殺嬰成為他們確保家庭存活機會的手段。換句話說，是嚴苛的生活環境逼迫他們必須做我們不必做的選擇。

四、道德的文化相對論

即使我們理解多元文化並不一定意味著多元價值，但是，對很多人來說，觀察到「不同的文化有不同的道德準則」這樣的現象，似乎成為了解道德準則究竟是絕對還是相對準則的關鍵，因此大部分人會說，放諸四海而皆準的普世倫理原則是迷思，是不可能存在的。理由是，既然不同的社會有不同的習俗，要說哪一種習俗是對的、哪一種習俗是不對的，就必須有一個獨立客觀的判斷標準，問題是，任何標準都具有文化特定性，這種獨立客觀的標準不可能存在。社會學家William Graham Sumner早在1907年便主張此種觀點：

「所謂『正確』的方式，便是那些老祖宗用過而且傳承下去的方式。所謂『正確』是存在傳說中，不是外來的，也沒有能夠驗證它的獨立根源。傳說中的任何事情都是對的，因為他們本身就是傳

統，背後就是祖先鬼神們的權威，因此，當我們碰到傳說，我們只好停止分析。」

　　這樣的說法使得許多人開始懷疑普世價值的存在，逐漸相信道德其實是文化相對的，道德並沒有客觀標準以及普世原則，至多就只能有文化特定性的規範。這些道德文化相對論者的邏輯觀點主要如下：

1. 不同的社會有不同的道德準則。
2. 特定社會的道德準則決定了在那個社會裡什麼事情是對的、什麼事情是錯的。因此，如果社會規範說某種行為是對的，至少在那個社會裡，沒有人能說它是錯的。
3. 並沒有客觀的標準足以讓我們判斷哪一個社會的道德準則是比較好的，因此，並沒有適用於所有人或所有時代的道德準則。
4. 我們的道德準則不過是眾多準則中的一種，不會有特殊地位或價值。
5. 批評別的文化便是傲慢，因此，我們必須包容所有文化的道德準則。

　　這五個主張乍看之下似乎密切相關，事實上他們是彼此獨立的主張，而且，有些是對的，有些是錯的，因此可能彼此矛盾。例如，第二個主張說，對錯都是由文化決定的，第五個主張說，我們應該包容所有社會的規範。但是，如果有一個社會的規範是「不包容」呢？這讓我們想起德國納粹在1939年9月1日突襲波蘭的二次世界大戰歷史往事，德國的泛日耳曼思想是我們不能容忍的，但是這種思想顯然是德國社會的理想。如果我們主張道德文化相對論，顯然我們就沒有立場譴責德國當時的行為，因為他們所做的正是當時德國社會所認為對的事情。

　　讓我們重新整理一下前述文化相對論的論證，並將其以命題形式列出：

1. 希臘人相信吃死人的屍體是不對的，但是高蘭地人相信吃死人的屍體是對的。

2. 所以，吃屍體既無法客觀地說它對，也無法客觀地說它錯，它只是一種態度，文化變異很大。

或者

1. 愛斯基摩人認為殺嬰沒有錯，美國人認為殺嬰不道德。

2. 所以，殺嬰既無法客觀地說它對，也無法客觀地說它錯，它只是一種態度，文化變異很大。

綜而言之，文化差異論點的說法是：

1. 不同的文化有不同的道德準則。

2. 所以，道德上並沒有客觀的真理存在。對錯都只是一種態度，文化變異很大。

但是，這是正確的論證嗎？

根據前面對於邏輯思考的討論，我們知道，所謂正確的論證應該是(1)邏輯上有效的論證、(2)前提均為真。現在的情況是，前提是關於「事實」的陳述，結論卻是關於「信念」的陳述，前提的確為真，但是結論並非根據邏輯法則從前提導出的結論，因此這顯然不是有效論證。具體而言，從「希臘人相信吃死人的屍體是不對的，但是高蘭地人相信吃死人的屍體是對的（事實）」的前提，只能得出「所以希臘人與高蘭地人對於吃屍體的行為有不同的意見（事實）」的結論。因為意見不同並不代表兩個都對，有可能是一個對，一個錯，也有可能是兩個都錯。最明顯的例子是我們並不會從「有些社會相信地球是平的，有些社會相信地球是圓的（事實）」的前提得出「所以地理上並沒有辦法判斷，地球是平的對，還是地球是圓的對。平的圓的都只是一種態度，文化變異很大（信念）」的結論。

要注意的是，我們並沒有說「結論一定是錯的」，只是說，「從前提得不出這樣的結論」。換句話說，從「道德準則有文化差異的現象」並無法直接得到「道德原則沒有絕對標準，是文化相對的」之結論。

五、文化相對論的實際意涵

假設文化相對論是對的，其實際意涵究竟為何？至少有三個意涵是我

們必須在意的，因為正是背後的這三個意涵讓很多思想家不願意接受文化相對論：

1. 假設文化相對論是對的，那麼我們便無法再說另一個社會的風俗習慣是比較不好的，只能說它是不同的。

   例如，我們無法批評1989年中國政府在天安門前對和平示威群眾的武裝鎮壓行為是錯的，我們甚至無法說有言論自由的社會是比中國社會好的。因為，這都代表我們認為有一個普世通用的準則。

2. 假設文化相對論是對的，那麼我們便無法再批評我們自己社會中的行為準則。

   例如，若有印度人懷疑種姓制度是否是對的，他只能確認這是不是印度社會的準則，若是，只要他是印度人，他便沒有理由懷疑。

3. 假設文化相對論是對的，那麼所謂道德上的進步都是可疑的，因為沒有標準可以說什麼是進步，什麼是退步。

   例如，過去歷史上的改革都是以新的想法取代舊的想法，但是，我們以何種標準說新的比舊的好？過去有一段時期，美國的女性、黑人都沒有投票權，現在有了，現在是進步了嗎？奴隸制度的改革是進步嗎？

六、有沒有價值觀上的文化共同性？

如果道德準則的文化差異不代表道德準則有文化相對性，那麼反過來說，不同社會間存在著不少共同價值觀的事實，是不是反映了不同道德準則有共同基本價值的可能性，從而提供了以共同價值為基礎的道德絕對準則的可能性之證據？我們常常因為注意到別的文化跟我們有相異的文化習俗，而忽略了我們有更多共同的價值。畢竟我們都是人類，道德是基於人性的社會產物，道德不會違背基本人性，就像語言不會超越人的基本認知一樣。社會的目的是傳承與發展，因此幾乎所有的社會都會重視以下的價值：

㈠重視小孩

如前所述，事實上，愛斯基摩社會也跟我們一樣重視小孩，甚至珍視小孩。理由無他，在那樣嚴苛的環境裡，小孩如果沒有加倍細心地照顧，是很容易夭折的。任何社會如果不照顧或重視新生命，老年成員無法被取代，這個社會便難逃滅亡的命運，因此，只要是現在還存在的社會團體，重視年輕生命必然是社會的共同價值。如果有違反此價值的行為，那必然是特例，而非常態。

㈡誠實

誠實必然是所有社會重視的價值，因為如果說謊是常態，有效溝通便成為不可能，不能互相有效溝通、不能互相信任的團體是不可能存在的。當然，重視誠實的價值並不代表不會有說謊的行為，也不代表所有的說謊行為都被認為不道德（例如，「白色謊言」），但是我們實在無法想像有視說謊為常態的社會。

㈢不可殺人

如果沒有禁止殺人的規範，所有團體的成員都會暴露在隨時可能被攻擊的危險中，每個人不是必須隨時戒備防範，就是必須盡量避免跟他人接觸。最終結果是每個人都想要自給自足，不要跟別人互動，或者想獨立分裂成規定不可以殺人的小團體，以至於大團體很快就會瓦解。換句話說，沒有「禁止殺人」戒律的團體不可能存在，禁止殺人必然成為所有社會的共同價值。

顯然，上述這些價值之所以成為各社會共同的價值，主要是因為它們都是維繫社會生存的必要條件，也因此我們幾乎可以在所有社會看到這些價值的法律化或規範化。當然，這些道德準則不會沒有例外，對於例外的界定自然會因為各社會的獨特狀況而有差異，但是重要的是，這些差異，事實上是建立在一個共同價值的基礎上。

了解了文化差異不必然代表文化相對，而文化差異的背後有共同的普世價值之後，我們有必要再回頭重新檢視文化相對論者的主張是否站得住

腳：

七、重新檢視道德文化相對論的五個主張

㈠不同的社會有不同的道德準則。

這主張顯然是對的，因爲儘管我們有跨文化的普世性道德價值（例如重視小孩、誠實、不可殺人……），不同的文化還是可能有不同的實踐道德價值的方式。

㈡特定社會的道德準則決定了在那個社會裡什麼事情是對的、什麼事情是錯的。因此如果社會規範說某種行爲是對的，至少在那個社會裡，沒有人能說它是錯。

文化相對論者的此一主張顯然是說所有文化的道德準則都是無瑕的，都是不會錯。然而，我們知道，特定社會是根據他們所相信的事來決定他們的道德準則，但是他們所相信的事未必是事實，也未必正確。以錯誤的知識或信念所建立起來的社會規範顯然不會永遠是對的，十六世紀的人相信地心說，排斥日心說，並不代表地心說就是正確的，日心說就是錯的。

㈢沒有客觀的標準足以讓我們判斷哪一個社會的道德準則是比較好的，因此，並沒有適用於所有人或所有時代的道德準則。

也許我們很難舉出適用於所有人所有時代的道德原則，但是如果我們會譴責奴隸制度、譴責人口買賣、譴責女性割禮、譴責不准女性受教育，那麼我們顯然還是有一個不屬於特定社會規範的原則作爲判斷的基礎。這原則可能是：究竟這特定文化習俗或社會規範是增進還是阻礙了該文化、該社會的人之利益？

㈣我們的道德準則不過是眾多準則中的一種，不會有特殊地位或價值。

我們都會同意：任何社會的道德準則不會因爲它屬於特定社會而有更高或更低的價值或地位。但是這樣的說法並不表示，所有社會的道德準則都是一樣水平，無法比較高下優劣的。事實上，任何社會

的道德準則都可能是最好的一種，也可能是最差的一種。

㈤批評別的文化便是傲慢，因此，我們必須包容所有文化的道德準則。

包容是一種美德，但並不是說，我們應該包容所有的事情。人類歷史清楚告訴我們，我們曾經因為包容偏見或不義而犯下多麼愚蠢、可怕的罪行，如果我們勇於批評、勇於承擔，決心不讓相同的事發生在未來，那麼我們才能說我們在道德上有了成長與進步。

八、道德有客觀標準嗎？

文化相對論提醒我們，許多我們視為理所當然的行為或態度，只是文化的產物，而不是源自於道德準則，也因此與我們想法不一樣的行為或態度，不見得就是錯的，讓我們免於道德上的傲慢與偏見；文化相對論排斥專斷、狂妄，讓我們能夠擁有開放的心態，準備接受與我們不同的想法，也準備接受對自己文化習俗的批評。但是，文化相對論過於強調文化的差異性，忽略了文化的相似性。文化差異並不等於文化相對，強調文化差異可能導致不切實際的道德相對論，忽略了隱藏在文化相似性背後的道德人性基礎，也就是道德有客觀共同標準的事實。

九、小組作業

㈠養老院實況

㈡楢山節考

㈢請找一找在我們文化中是好、在別的文化卻是不好的習俗或事情。

㈣請找找看有沒有在一文化中是好事、在另一文化中卻是不好的習俗或事情呢？

㈤請比較不同文化的習俗或事情，何者較好？何者較差？為什麼？

附錄：框架效果實驗舉隅

想像你可以在下面的情況做選擇：

A. 25%的機會贏得$240，75%的機會失去$760。

B. 25%的機會贏得$250，75%的機會失去$750。

請問你會選擇A，還是B？

選項：

(1) A

(2) B

參考：西方參與者的選擇反應：A：0%；B：100%

想像你面臨選擇，在兩個選項中選擇一個。

A. 必然獲得$250。

B. 25%的機會贏得$1000，75%的機會什麼東西都不會得到。

請問你會選擇A，還是B？

選項：

(1) A

(2) B

想像你將面臨選擇，在兩個選項中選擇一個。

C. 必然失去$750。

D. 75%的機會失去$1000，25%的機會什麼也不會失去。

請問你會選擇C，還是D？

選項：

(1) C

(2) D

參考：西方參與者的選擇反應：A：84%；B：16%
C：13%；D：87%

參考文獻

Tversky, A., & Kahneman, D. (1974). Judgment Under Uncertainty: Heuristics and Bias. *Science*, 185: 1124–1131.

Tversky, A., & Kahneman, D. (1981). The Rraming of Decision and the Psychology of Choice. *Science,* 211, 453-458.

Rachels, J. (Sixth Edition by Rachels, S.) (2010). The Challenges of Cultural Relativism. In *The Elements of Moral Philosophy* (pp.14-31). Boston: McGraw Hill.

　　上一章我們談到了Rachels（2010）論證以道德文化相對論爲基礎，無法得到道德沒有絕對標準的結論，現在請讀者再看看這一個日常生活常遇到的情形：

大前提：如果有客觀的道德準則（P），我們就能判斷某些道德信念是
　　　　對的、某些道德信念是錯的（Q）。

小前提：現在我們不能判斷哪些道德信念是對的、哪些道德信念是錯的
　　　　（~Q）。

結論：所以並沒有客觀的道德準則（~P）。

請問：這是有效論證（valid argument）嗎？

選項：

(1) 有效論證。

(2) 無效論證。

請問：這是正確的論證（sound argument）嗎？

選項：

(1) 正確的論證。

(2) 不是正確的論證。

　　此論證是後件否定，因此這顯然是一個有效論證，因爲結論是從前提依照邏輯法則導出的結論。然而，這卻不是正確論證，因爲正確論證必須滿足兩個條件：有效論證及前提爲眞。雖然這是有效論證，然而，問題

是，小前提是否爲眞？誠然，「不能判斷哪些道德信念是對的，哪些道德信念是錯的」此一說法乍看之下似乎沒有錯，尤其是在討論像墮胎、安樂死這樣的問題時，特別會覺得任何一方都很難證明自己的觀點是對的。但是，如果我們仔細檢視，這樣的說法顯然在一般的日常情境是說不通的。

以考試爲例，如果有一個學生說：「老師考試不公平！」這顯然是對老師的道德指控，因爲公平是一個重要的道德價值。問題是，學生能否證明老師的確不公平？他也許會說，老師出題瑣碎，有些考題是老師沒教或教科書上沒有的；老師沒有認眞監考，放任同學作弊；或者，老師給分沒有客觀標準。事實上，學生的這些說法都是可以證明眞僞的，不會是無法判斷的。

同理，當我們對其他人做道德指控時，例如，「老闆是一個小人」、「張醫師很不負責任」、「小陳是一個黑心的舊車販賣商」，我們一定也都能舉出具體事實來證明我們的信念是對的。儘管如此，爲什麼我們又會認爲道德信念是「不能判斷對或錯」的？Rachels認爲理由很簡單：

1. 一談起道德原則，我們常常只強調那些像墮胎或安樂死這樣複雜又困難的道德議題，忽略了有許多一般較簡單的道德議題是很容易判斷對錯，並獲得共識的，因此會誤認「判斷道德信念爲眞」是困難的事情。事實上，在物理或數學等領域，也有一些複雜而困難的爭論，如果我們只看那些爭論，或許我們會下結論說，物理或數學是無法判斷對或錯的。甚至會說，因爲有「測不準定理」，所以物理世界沒有客觀標準判斷對錯，殊不知「測不準定理」本身也是可以判斷眞僞的。

2. 我們常常將「不能獲得共識」當作是「無法判斷哪一方想法是對的」之結果，忘了還有其他因素讓我們「無法獲得共識」。顯而易見，我們「無法說服對方接受自己的想法是對的」與「自己的想法是對的」可以是兩件不相干的事，事實上，你的論證可能是好的、理性的，只是對方太固執，不想接受你的觀點。同理，兩個人各持己見，互不相讓，並不代表我們就必須同時接受這兩個人的觀點。

一般而言，由於許多人常常誤以為無法獲得共識，就是意味著沒有客觀的道德原則，但是我們又必須有一個大家共同接受的標準來判斷對錯，於是，很自然地便轉而主張道德抉擇可以根據「行為結果造成何種影響」來判斷。換句話說，既然客觀的道德原則不存在、純良的動機不可靠，只好審慎思考道德抉擇所造成的後果，從行為後果來考量行為的道德性。下面我們就介紹這種以行為結果作為善惡標準的道德效用主義之濫觴及其基本原則。

一、革命性的道德概念 —— 效用原則（Utilitarian Principle）

　　從十八世紀末到十九世紀，西方社會經歷了十分劇烈的社會改革。法國大革命高舉「自由、平等、博愛」，終結了君主專制時代；美國建立了第一個憲法體制，終結了奴隸制度。在這樣社會劇烈變動的時代裡，英國哲學家Jeremy Bentham（1748-1832）提出了一個革命性的道德概念。他說：「道德不是為了取悅上帝，也不是為了遵守抽象的原則，道德是為了讓世界更快樂。」因此，他提出效用原則（Principle of Utility）作為道德的最終判準。一夕之間，道德不再是不容挑戰的神諭，不再是清教徒式的戒條，用來防止貪欲與享樂，道德竟然是用來讓人更快樂的，這當然是讓人興奮、難以抗拒的想法，因此，許多社會改革者與哲學家都爭相使用這個觀念來討論議題、設計制度。

　　簡而言之，效用主義者的觀點可歸結為三個論點：

1. 行為對錯決定於行為結果好壞的衡量。
2. 行為結果好壞決定於行為結果所帶來的快樂或不快樂。
3. 所有人的快樂是等值的。

　　Rachels以下面三個問題來讓我們了解何謂效用主義：

「安樂死是否不道德？」

「吸食大麻是否不道德？」

「虐待動物是否不道德？」

首先，根據效用主義者的觀點，安樂死的結果為當事人帶來他自己所選擇的結束生命的方式，對別人不造成傷害，與此同時，如果沒有安樂死，重病的延命措施會給社會、家庭帶來精神與經濟上的雙重負擔，就結果而言，安樂死所帶來的快樂比不快樂多，利比害多，因此，道德性用主義者認為：安樂死並非不道德的行為。

其次，就吸食大麻而言，當事人吸食大麻很快樂，大麻的成癮性不高，吸食大麻者的暴力性不高，而取締大麻所耗費的社會成本卻很高，權衡利害，道德效用主義者認為：吸食大麻並非不道德的行為。最後，根據效用主義者的觀點，所謂增進利益，便是增進所有能感知快樂與不快樂經驗的生物之快樂，因此，虐待動物或以近乎虐待方式對動物，都是不道德的。對人與人之外的動物差別對待，是物種歧視，與種族歧視一樣不道德。

如果以上的例子讓讀者了解道德效用主義者的基本觀點，現在就讓我們跟著Rachels以哲學思辨的角度來仔細檢視效用主義者的這些基本觀點。

效用主義者認為：「行為對錯決定於行為結果好壞的衡量。而行為結果好壞決定於行為結果所帶來的快樂或不快樂。」換句話說，如果行為的結果是快樂多於不快樂，就是道德的行為；反之，則為不道德的行為。然而，快樂是一種主觀情緒狀態，快樂與不快樂的計算是可能隨時間、地點、人際關係而異的，因此如果行為的道德與否是根據行為所帶來的快樂而定，則行為之道德與否的判斷也就可能會隨時間、地點、人際關係的不同，而有不同的結論，因而，這也是另一種道德相對的觀點。

不過，這樣的論點顯然是建立在下列兩個前提的基礎上：

1. 快樂對人是很重要的。

2. 快樂與不快樂的計算是可能的。

因此，要接受根據此兩前提而來的結論，我們就必須要先確認這兩個前提是否為真，才能判斷道德效用主義者的論點是否成立。

二、快樂有那麼重要嗎？

效用主義者將「對錯」與「好壞」視爲一體，而什麼是好的？是快樂（happiness），是愉悅（pleasure）。但是，快樂是什麼？愉悅是什麼？從感官知覺到心理感受都可能讓我們快樂，每一個人當然都喜歡快樂，但是請設想下面的例子：

案例一 配偶的婚外情

你認為你的配偶對你非常好，非常忠實，因此十分快樂。但是，事實上他在外面有了婚外情。許多朋友都知道這件事，但是沒有人告訴你，因此你不知道他的婚外情。

請問你希望朋友告訴你這件事嗎？

選項：

(1) 希望朋友告訴你。

(2) 希望朋友永遠不要告訴你。

顯然，不知道結果是比知道結果較爲快樂的，但是實證資料告訴我們，並非所有人都不想知道眞相，甚至大多數人是寧願不快樂也要知道眞相。這個例子讓我們可以進一步思考：快樂固然很重要，但是對人而言，是不是有可能有比快樂更重要的？例如，「意義」對我們可能是更重要的？存在謊言底下的愛情或婚姻，對人而言可能是毫無意義的。換句話說，我們可能必須追求意義，而不只是快樂。

三、快樂與不快樂的計算是可能的嗎？

效用主義者完全以行爲所帶來的快樂與不快樂的計算結果，作爲道德判斷的依據，但是請設想下面的例子：

你和你的朋友約好了下午一起去看電影，但是到了該動身的時間，你忽然想到你還有工作要馬上完成，因此你不想去看電影，想留在家裡工作。你打了好幾通電話想聯絡朋友，但是一直聯絡不上。因此你如果留在家裡工作，你的朋友會因為等不到你，打電話找你，才會知道你不去了。假設你認為你完成工作會很快樂，你也知道你朋友等不到你會很不快樂。

請問你會選擇赴約還是留在家裡工作？

選項：

(1) 留在家裡工作。

(2) 依約去看電影。

課堂上同學的選擇顯示，大多數人雖然想留下工作，卻還是會選擇赴約。顯然，我們不僅會考慮當下的快樂與不快樂，也會考慮到遵守承諾的重要性，因為不遵守承諾的後果可能是良心不安或失去朋友，而這兩者都會帶來不快樂。又或者，你可能因為擔心朋友，無法專心工作，以致無法完成工作。事實上，我們目前的行為之原因可能發生在過去，而我們行為的結果可能發生在當下以及未來，因此要計算到所有的快樂或不快樂的後果，顯然對於必須做出行為抉擇的當時來說，是困難甚至不可能的事。

如果對人而言，快樂並非最重要的，而當下以及長遠的快樂之計算基本上也是不可能的，那麼，以行為結果所帶來的最大利益作為道德抉擇的依據，便可能只是假設性、任意性、當下性的考慮，即使是個人也難以有跨情境、跨時間的行為準則，就更不用說要獲得跨團體、跨社會的共識了。

最後，請你想像下面的情境，遇到了你會做什麼抉擇？請根據你的抉擇思考一下你是否支持道德效用主義者的觀點？

案例三　張先生的抉擇

選舉到了，李大大是候選人。張先生非常清楚知道李大大是壞人，也知道即使張先生自己投李大大一票，李大大也不可能當選。選舉前一天，有人登門拜訪，原來是李大大請人來買張先生的票。

如果你是張先生，你會不會把票賣給李大大？

選項：

⑴ 會，因爲賣票不影響結果，便不是不道德的。

⑵ 會，因爲我會爲了能讓壞蛋吃虧而很快樂。

⑶ 不會，因爲賣票就是出賣民主的不道德行爲。

參考書目

Jeremy Bentham (1996). *An Introduction to Principles of Morals and Legislation*. New York: Oxford University Press. (1789 First Published)（《道德與立法原理》，1971，李永久譯。臺北：帕米爾出版社）

Rachels, J. (Sixth Edition by Rachels, S.) (2010). The Utilitarian Approach. In *The Elements of Moral Philosophy* (pp.97-108). Boston: McGraw Hill.

第六章
道德行為的結果重要嗎？

　　雖然效用主義的觀點無法為道德抉擇提供明確的判斷準則，但是由於行為結果在當下的確常常會帶來十分強烈的的情感反應，這種情緒也往往阻礙了我們思考真相的途徑。因為強烈的情緒常常讓人誤以為我們知道真相是什麼，忘了考慮相對論點的合理性或真實性。不幸的是，感覺或情緒即使強烈，有時也是不可靠的。因為我們的感覺或情緒許多時候都是非理性的，只是偏見、自利或文化習慣的產物。例如，歷史上曾經有一段時間，人們的感覺讓他們相信，其他人種都是劣等人種，因此奴隸制度是神的旨意，佔領其他人種的土地理所當然，甚至殺戮其他人種就像屠殺動物一樣不足惜。我們試著想像自己在下面有名的兩難困境中會如何行動、該如何行動，來了解情緒對行為抉擇的影響。

案例一　拖車上約翰的抉擇

　　有一個鐵路工人約翰正在一輛失控的鐵路拖車上沿著軌道疾駛，在別人發現他並想出辦法之前，只能待在拖車上。他遠遠看到沿著軌道正有五個工人在鐵軌上施工，完全沒有注意到拖車正急速接近。約翰知道在不到三十秒內就會撞上這五個工人，這時候他發現前面有一個鐵軌岔道，岔道上只有一個工人正在施工。約翰必須在很短的時間內決定他要不要改變拖車的方向，轉到岔道上去，犧牲一個工人的生命，拯救五個工人的生命。

　　如果你是約翰，你會改變拖車的方向，轉到岔道上去嗎？

　　選項：

　　⑴ 會改變方向，犧牲一個人，救五個人。

　　⑵ 不會改變方向。

案例二　陸橋上保羅的抉擇

保羅走在陸橋上，發現有一輛失控的車子正高速逆向朝自己這方向開過來，他發現不遠處有五個人正在熱烈地討論，完全沒有覺察到車子的接近。要阻止車子繼續前進的唯一方法是找一個重量夠大的東西擋在路上。剛好他旁邊站了一個體型壯碩的大個子，因此，他能拯救那五個人的唯一方法就是將身邊的大個子推到路中間去，阻擋車子繼續前進。

如果你是保羅，你會將大個子推到路中間去嗎？

選項：

⑴ 會，犧牲一個人，救五個人。

⑵ 不會。

兩個案例在本質上是相同的，都是要不要做出犧牲一個人救五個人的行為抉擇。顯然，從道德效用論的觀點，五個人的生命比起一個人的生命，其利益明顯要來得大，應該選擇將拖車開到岔路或者將胖子推下天橋。然而，實驗的結果卻通常是，多數人在第一個案例會選擇開到岔路，在第二個案例卻不會選擇將胖子推下去。為什麼？因為第一個案例讓一個人犧牲生命的行為是透過機器自動達成，違反「不可殺人」信念所引發的抗拒情緒沒有第二個案例中必須親手將人推下天橋來得強烈。因此，撇開利益計算的考慮，即使情境本質相同，人們還是有可能做出不同的抉擇。即使在第一個案例中，還是會有人不願意因為自己的主動作為而犧牲一個人的生命，會因為堅持「不可殺人」的信念而無法付諸行為，因此寧願選擇讓事情結果照它原有的方向自然進行，不做人為干預。換句話說，「不可殺人」的道德信念讓我們產生強烈的情緒反應，以至於無法單純地就行為結果來計算利害得失。

另外一個我們不會單純地以數量計算利害得失的例子是，如果一邊是兩個人，一邊是三個人呢？又或如果你剛好知道岔路上的這一個人是愛因斯坦呢，而這五個人是混混呢？或者岔路上的這個人剛好是你自己的親人

呢？顯然，利益計算所牽連的層面又廣又複雜，不容易有一個明確的答案。

　　這些例子清楚顯示，要我們主動做出傷害一個人的行為，來得到有益於五個人的結果，就行為結果而言，應該是道德的，但是在情緒上卻會出現很強烈的反應，很難做出這樣的抉擇。這種情感上的反應很真實，也很珍貴，從這樣的角度來看，我們若想做出道德上正確（morally right）的抉擇，就不應該忽視這種感覺（Miller, 2008）。

　　現在讓我們將前面的場景稍微更改，變成如下的情境：

案例三　拖車上約翰的抉擇

　　有一個鐵路工人約翰正在一輛失控的鐵路拖車上沿著軌道疾駛，在別人發現他並想出辦法之前，只能待在拖車上。這時候他遠遠看到沿著軌道正有五個工人在鐵軌上施工，完全沒有注意到拖車正急速接近。約翰知道在不到三十秒內就會撞上這五個工人，這時候他發現前面有一個鐵軌岔道，岔道上有一個封閉的隧道。約翰必須在很短的時間內決定他要不要改變拖車的方向，轉到岔道上去，犧牲自己的生命，拯救五個工人的生命。

　　如果你是約翰，你會改變拖車的方向，轉到岔道上去嗎？

　　選項：

　　⑴ 會改變方向，犧牲自己，救五個人。

　　⑵ 不會改變方向。

案例四　橋上保羅的抉擇

　　保羅走在橋上，發現有一輛失控的車子正高速逆向朝自己這方向開過來，他發現不遠處有五個人正在熱烈地討論，完全沒有覺察到車子的接近。要阻止車子繼續前進的唯一方法是找一個重量夠大的東西擋在路上。剛好他自己就是體型壯碩的大個子，因此，他能拯救那五個人的唯一方法就是跳到路中間去，阻擋車子繼續前進。

如果你是保羅，你會跳到路中間去嗎？

選項：

⑴ 會，犧牲自己，救五個人。

⑵ 不會。

理論上，如果我可以犧牲一個人，救五個人，則不會違反道德原則，而且可以獲得最大利益，因此，似乎只有犧牲自己才是道德行爲。但是，大部分人在此種情況下，在不違背「不可殺人」的道德原則下，還是很難做出犧牲自己拯救五個人的行爲。如果一般人做不到犧牲自己，拯救五個人，那麼我們是否就是不道德的？當然，除非道德上我們有犧牲自己的義務，否則未能捨己救人就不會是不道德的行爲。那麼，關鍵的問題在於：道德上我們有犧牲自己的義務嗎？答案顯然是否定的，因爲如果是義務，我們爲什麼會稱捨己救人的人爲義人、聖人？捨己救人固然是道德高尚的行爲，但是未能捨己救人一般並不會被視爲不道德。由於大部分的人並不會那麼慈悲，不會根據行爲的最大利益來做選擇，我們甚至無法期待我們做了這樣的犧牲後，其他的人也會做同樣的犧牲。因此，由於對自我犧牲的道德要求有其先天上的限制，我們無法將自我犧牲稱作道德義務。因此，要以行爲結果來衡量行爲作爲道德抉擇的依據，也就有了先天上的限制。

以行爲結果作爲道德抉擇依據的另一個盲點是，我們不容易知道事實上行爲的結果會是什麼，即使是專家，對於事實的認定也常常不同，最常見的是我們常常昧於偏見，以至於思考上陷入「確認偏誤」（confirmation bias）。例如，反對安樂死的人會傾向相信安樂死會被濫用，支持的人則傾向不相信。不想捐錢給慈善機關的人會說這些機關很沒有效率，可是他們並沒有證據。討厭同性戀的人會說男同志都是愛滋病帶原者，其實他們中間只有少數人是。「真正的結果」與我們「希望的結果」常常是不一樣的，因此，所謂根據行爲結果來決定道德行爲，很可能

只是根據自己的偏見與受限的資訊所作出來的決定。

現在，讓我們來看Rachel所提供給我們思考的下一個故事：

案例五　Tracy Latimer的悲劇

1993年，一個十二歲的腦性麻痺女孩Tracy Latimer被她的親生父親給殺害了。Tracy與她的家人住在加拿大 Sasktchewan的一個農場上，有個星期天的早上，當她的母親與其他小孩正在上教堂的時候，她的父親Robert Latimer將她放在卡車的車廂裡，然後注入廢氣，將她殺死。Tracy死的時候只有四十磅的重量而且她的心智功能只有三個月嬰兒的程度。Latimer太太回到家發現Tracy死掉時，竟有種解脫的感覺，而且她還表示自己也曾經想親手結束Tracy的生命只是沒有勇氣罷了。Robert Latimer被確定是謀殺犯，但法官和陪審團並不想要這麼草率地給他判決。陪審團發現他有悔意，所以認為他只構成二級謀殺，並建議法官不要判他一般十年牢獄的刑責。法官同意此看法並判決他入獄一年，並在一年之後到農場居留他。但是，加拿大的高等法院干涉此案件，要求法官按照原來的判決強制執行。最後，Robert Latimer在2001年進入監獄服刑，2008年被假釋出獄。

撇開法律的問題，請問Latimer先生有沒有錯？

選項：

⑴ 有錯，因為Tracy的生命即使殘缺，也是很珍貴的。

⑵ 沒有錯，因為Tracy的生命除了生理上的知覺外，根本就沒有其他意義。活著只是折磨她，不如結束她的生命讓她早點解脫。

⑶ 有錯，因為一旦接受安樂死，會讓人覺得我們有權利決定誰的生命該繼續，誰的生命該結束。

針對這些行為抉擇的理由，Rachels提供了卓越的分析與澄清，我們將它整理如下（Rachels, 2010）：

一、即使是殘缺的生命，也是很珍貴的

這個論點顯然是基於「尊重生命」與「生命等價」的信念，是反對歧視殘障的觀點（Wrongness of Discriminating against the Handicapped）。當Robert Latimar被輕判，許多殘障團體抗議這種判決是對殘障人士的侮辱，患有多重障礙的當地的殘障團體的領導人說：「沒有人可以決定我的生命之價值不如你的生命。這是倫理的最底線。」他認為，Tracy之所以被殺害，純粹因為她身體上的殘障，而這是無法接受的，因為殘障人士應該受到同等的尊重，享有同等的權利。對特定團體的歧視或差別待遇是嚴重的議題，因為歧視的意思是，有些人受到較差的待遇只因為屬於被認定為較差的團體，沒有其他理由。最常見的例子是工作上的歧視，例如，一個雇主不想雇用盲人的想法並沒有比不想雇用西裔或猶太人或女性的想法正當。為什麼同樣是人卻要受到不同的待遇？是他比較沒有能力？是他比較不聰明？比較不努力？比較不值得給他工作？還是他比較不能從工作中獲得任何好處？如果都沒有這些理由，那麼拒絕給他工作機會便只是純然的隨機。

二、活著只是折磨她，不如結束她的生命讓她早點解脫

Tracy的父親認為這不是歧視殘障者生命的事件，而是協助一個正在受苦的人從痛苦中解脫的事件。換句話說，這是安樂死的觀點（Mercy Killing Argument）。在Robert殺害Tracy之前，Tracy經歷了幾次背部、臀部以及腿部的重大手術，未來還有更多的手術必須進行。Robert說：「她插了鼻胃管，背部加了鋼條，腳被切掉，長滿褥瘡。有人能說她是一個快樂的小女孩嗎？」事實上，有三個醫師出庭作證說，很難用任何方法讓Tracy不感覺疼痛。換句話說，Robert認為他殺害Tracy不是因為她是腦性麻痺，而是因為Tracy的病痛與折磨，因為Tracy的生命毫無希望可言。顯然，這是從行為結果會為Tracy帶來利益的觀點所做的抉擇。問題是，沒

有人知道醫學上的進步會為Tracy帶來什麼樣的未來，而Tracy可能也願意忍受目前的痛苦來換得活著的機會。換句話說，這種觀點強調了行為結果的利益，卻忽略了行為結果的不確定性。

三、一旦接受安樂死，會讓人覺得我們有權利決定誰的生命該繼續，誰的生命該結束

當高等法院決定介入此案的判決時，加拿大獨立生命中心協會（Canadian Association of Independent Living Center）的執行長（director）說，她覺得「驚喜」，因為「否則的話，這會有溜滑梯效應（Slippery Slope Effect），會開一扇門最終導向某些人能決定某些人的生死」。她認為，我們可能同情Robert Latimer，我們也可能認為Tracy生不如死，但是，這是危險的想法，因為如果我們接受安樂死的想法，我們可能會像溜滑梯一樣，讓某些生命顯得毫無價值。我們要在哪裡畫出界線？如果Tracy的生命不值得照顧，那麼所有重度傷殘患病者的生命又如何呢？那些已經風燭殘年的老人呢？那些毫無社會功能可言、無所事事的遊民呢？在這樣的脈絡底下，最終我們甚至可能走向希特勒所主張的種族淨化（racial purification）之不歸路。

相同的顧慮使我們對於墮胎、人工受精（IVF），或者基因複製等問題採取反對的態度。但是，有時候，從後見之明的角度，這些顧慮有時候是無根而多慮的。例如，1978年第一個試管嬰兒Louise Brown出生之後，所有在她出生前那些關於可能發生在她、她的家人、社會的預言都沒有發生，今天。IVF甚至已成為例行、成熟的受孕技術。從Louise出生至今，單在美國就已有超過十萬名的試管嬰兒誕生了。

對未來影響的不確定性使我們難以從對結果的想像決定何種觀點是較佳觀點。理性的人不會同意關於接受Tracy的死是安樂死所可能導致的後遺症是可能發生的。但是，這個觀點不容易有共識，因為反對的人會繼續堅持這是可預見的後果。然而，必須提醒的是，這種觀點很容易被誤用，因為，只要你反對一個事情，卻又找不到好理由，你便可以隨便編造出一

些可能的後遺症，無論你的預言如何荒誕、誇大，當下並沒有人能證明你是不對的。這種爭論策略幾乎可以用來反對任何事情，因此，我們對於這樣的觀點也必須特別審慎。

經過這些討論，我們再來看看自己對於下面這些案例的想法，決定我們該根據行為結果還是道德原則來做判斷？

案例六　約翰的困境

約翰被一個恐怖主義的組織抓走，組織的首領告訴他：「現在你面前有二十個被綁在木樁上的人，只要你拿起你前面的這把槍，對準左邊的第一個人，射殺他，我就把其他十九個人通通釋放，如果你不肯這樣做，我就用這把槍把二十個人通通殺掉。」

如果你是約翰，你會

選項：

⑴ 拿起槍殺一個人。

⑵ 堅決不殺任何一個人。

案例七　死刑該廢嗎？

根據美國經濟學家的統計，每執行一件死刑，就可以減少五件殺人案件。

假設這個數據為真，請問你贊成廢除死刑嗎？

選項：

⑴ 贊成廢除死刑。

⑵ 反對廢除死刑。

參考文獻

Galotti, K. M. (1989). Approaches to Studying Formal and Everyday Reasoning. *Psychological Bulletin,* 105, 331-351.

Miller, G. (2008). The Roots of Morality.*Science,* 320, 734-737. www.sci-encemag.org

Mocan, H. N., & Gittings, R. K. (2003,October). Getting Off Death Row: Commuted Sentences and the Deterrent Effect of Capital Punishment. *Journal of Law and Economics,* XLVI, 453-478.

Rachels, J. (Sixth Edition by Rachels, S.) (2010). What is Morality? In *The Elements of Moral Philosophy* (pp.1-13). Boston: McGraw Hill.

Rachels, J. (Sixth Edition by Rachels, S.) (2010). The Debate Over Utilitarianism. *The Elements of Moral Philosophy* (pp.109-123). Boston: McGraw Hill.

第七章
道德原則有優先次序嗎？

　　讓我們再看一下前面提過的道德思考的基本架構：要做正確的道德抉擇，首先，需要具備邏輯思考能力，能夠分辨有效與無效論證；其次，要能理解道德抉擇牽涉的主要是道德信念與行為後果。行為後果因為是預測性的未來結果，因此必須同時考慮人類思考的限制與統計法則。然而，由於行為結果所影響的對象與程度差異性高，不確定性也高，因此預測也未必準確，根據可能的行為結果所做的道德抉擇容易引發更多的道德議題或道德遺憾。然而，以道德原則來做道德抉擇就比較容易嗎？從前面章節的討論中，我們知道，因為文化、宗教、經驗、知識的不同，人們對道德原則的認知與解釋的基礎也可能不同，最重要地，道德原則的核心是價值，人們可能因為對於價值的優先順序之認知不同，而有不同的道德抉擇。

　　下面我們舉一些Rachels（2010）書上的例子來挑戰我們對於道德信念的假設與想像，才能了解釐清道德原則的優先次序對於做道德抉擇的重要性。

案例一　連體嬰Jodie與Mary

　　2000年8月，義大利南部Gozo地方的一位婦人發現她懷了一對連體嬰，由於Gozo的醫療機構無法處理連體嬰，她與先生去了英國待產。他們為這對連體嬰命名為Jodie與Mary。她們胸腔相連，共用一個心臟與一對肺臟，脊椎骨的下部相連在一起。連體嬰中較強壯的Jodie負責血液的輸送。

　　連體嬰的出生率沒有確切統計數字，一般相信是每年二百對左右。大部分的連體嬰生下沒多久就會死亡，但也有些活得很好，長大之後，還能夠結婚，擁有自己的小孩。但是，Jodie與Mary卻沒那麼幸運，醫師說，如果不動手術，他們會在六個月內死亡，但是如果動手術，Mary會立刻死亡。

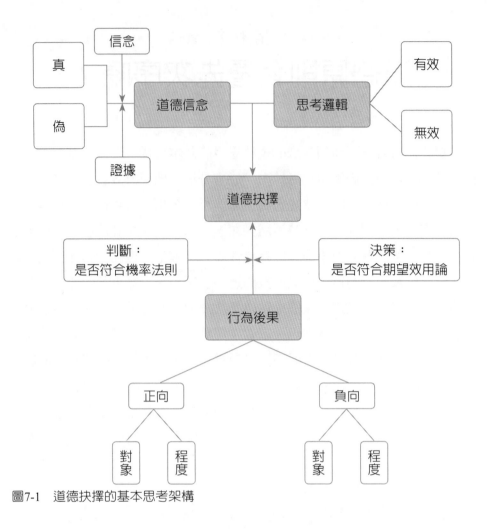

圖7-1 道德抉擇的基本思考架構

　　Jodie與Mary的父母是虔誠的天主教徒，他們拒絕動手術，因為那會加速Mary的死亡。他們說：「我們相信天意，如果天意不讓兩個孩子活下來，那也只好如此。」但是，醫院方面希望至少救活一個孩子，因此向法院請求在沒有父母的同意下可以進行切割手術。結果法院批准了醫院的請求。手術之後，Jodie活了下來，Mary死了。請問：

誰有權利決定是否該進行這項切割手術？

選項：

(1) 父母。

(2) 法院。

(3) 醫師。

什麼是最好的決定？應該進行這項手術嗎？

選項：

(1) 應該，因爲至少能救一個生命。

(2) 不應該，因爲殺人就是不對的。

當年美國Ladies' Home Journal做了一項民意調查，發現美國民眾有78%的人贊成進行這項手術，也就是他們偏好第一個選項，這個選擇反映的是對於行爲結果的考慮。但是，Mary與Jodie的父母則強烈支持第二個選項，他們是嬰兒的父母，兩個孩子都愛，因此他們不願意犧牲其中一個孩子來救另一個孩子。因爲根據西方傳統宗教信仰，任何生命是都是同等珍貴，任何傷害無辜生命的行爲都是不被容許的。即使是好的動機或目標，任何殺人的行爲都是不應該的。因此，Mary與Jodie的父母的選擇顯然是根據「不可殺人」的道德信念而來。那麼法院又是根據何種理由批准這項手術？當時法官Robert Walker的見解是，Mary並不是有意被殺死，而是在分離的過程，身體無法負荷而死亡。換句話說，不是手術讓她死亡，而是她的虛弱導致她的死亡。因此，這裡沒有「殺人」的道德問題。然而，無論是手術讓她死亡，或是虛弱的身體讓她死亡，我們知道她遲早會死，只是，我們「加速」了她的死亡。換句話說，法官認爲在特殊情況下，殺害無辜的生命可能不是都是錯的，而Mary與Jodie的情況就是特殊的例子。

顯然，這裡的根本問題還是在於，「不可殺人」的道德信念是否是絕對道德？是否在任何情況下殺害無辜的人都是不對的？Mary與Jodie的父母顯然認爲是的，而法官顯然認爲不是。從法官的立場來看，Mary與Jodie的情況符合下列三個特殊的條件，因此是可以被容許的特殊狀況：

1. 這無辜的人已經來日無多。

2. 這無辜的人並無意願繼續活下去，或者他根本沒有意願可言。

3. 殺害此無辜的人能夠拯救其他有完整生命可能性的人。

針對這樣的論點，請問你有沒有意見？你會同意在這樣的情況下可以殺害無辜的生命嗎？

案例二　杜魯門的抉擇

1945年，杜魯門（Harry Truman）繼任美國總統之後，得到兩個消息：⑴盟軍已經研發成功威力強大的原子彈、⑵盟軍在太平洋地區已經逐漸取得優勢，並已擬定計畫進攻日本。然而，若登陸日本，盟軍恐怕必須付出比諾曼第登陸更慘痛的傷亡代價。因此，有人建議，在日本的一個或兩個都市投下原子彈，或許可以迫使日本投降，早日結束戰爭，避免盟軍的重大傷亡。杜魯門開始時並不想使用這個新武器，因為他知道這個核子武器將會帶來前所未見的毀滅性破壞，許多非軍事設施，包括學校、醫院、家庭，許多非軍人，包括婦女、小孩、老人、普通市民都會瞬間化成灰燼。何況，羅斯福總統才在1939年發表過措詞強烈，譴責轟炸非軍事地區，以平民為目標的行為是「不人道的野蠻行為（inhuman barbarism）」之言論。

請問如果你是杜魯門總統，你會同意簽署，丟下原子彈嗎？

選項：

⑴ 會，因為這樣可以早點結束戰爭，減少盟軍的傷亡。

⑵ 不會，因為原子彈會造成無辜平民的重大傷亡，不可以用任何目的合理化犧牲無辜生命的行為。

⑶ 會，因為日本發動太平洋戰事，以眼還眼，以牙還牙。

⑷ 不會，因為投下原子彈的後果不可預料，不一定能結束戰爭。

案例三　Anscombe教授的抗議

　　1956年，牛津大學預備授予杜魯門總統榮譽博士學位，以感謝美國在二次世界大戰期間對英國的支持。牛津大學哲學系的Anscombe教授與其他兩位同事強烈反對這項頒贈儀式，她認為不管是何種理由、何種目的，下令連婦女、新生兒也不放過的核彈攻擊，杜魯門總統根本是一位殺人犯，不應該給他榮譽學位。雖然她的抗議並沒有成功，但是她對於絕對道德原則的堅持與信念，使得她成為二十世紀最偉大的哲學家之一。

　　請問如果你是Anscombe教授，你會堅持抗議，反對頒贈榮譽學位給杜魯門總統嗎？

　　選項：

　　(1) 會，因為頒贈學位等於認同無差別殺人、犧牲無辜生命的行為。

　　(2) 不會，因為杜魯門的決定結束了戰爭。

　　(3) 會，因為要讓大家認識動機不能合理化手段。

　　(4) 不會，因為抗議也無效，學校不會因而改變決定。

一、是否有任何情況都<u>應該</u>遵守的絕對性道德原則？

　　在日常生活中我們也常常使用「應該」這個字眼，例如：

　　1. 如果你想成為西洋棋高手，你就應該研究Garry Kasparov的比賽。

　　2. 如果你想上大學，你就應該參加基本學力測驗。

　　這裡的「應該有某些行為」是因為我們先有一個意願或動機（想成為西洋棋高手、想上大學），如果我們不想做這些行為，事實上只要放棄這個意願或動機即可。因此，我們稱這種「應該」（ought）為假設性義務（hypothetical imperatives）行為，有別於道德原則的絕對義務（categorical imperative），因為道德原則是沒有條件的。例如，「你應

該幫助他人」，而不是「如果你關心他人，你就應該幫助他人」。或者，「如果你是好人，你就應該幫助他人」。它就是單純的「你應該幫助他人」。有沒有這樣的絕對義務？絕對的道德原則？我們以下面的道德困境來思考這個問題：

案例四　漢斯的困境

　　德國蓋世太保追捕猶太人最緊張的時刻，一個德國人漢斯的猶太朋友，告訴漢斯他要躲到朋友家裡去，請他暫時幫忙照顧店面。漢斯答應了之後，蓋世太保追查到漢斯家裡，並且問漢斯知不知道他猶太朋友的下落。漢斯知道如果蓋世太保捉到他的猶太朋友，就會把他送到集中營去，他的猶太朋友可能因而送命。

　　請問如果你是漢斯，你會說實話還是說謊？

選項：

　　(1) 說謊，因為這樣可以保全猶太朋友的性命。

　　(2) 說實話，因為說謊違反道德原則。

二、討論：是否在任何情況下都不能說謊？

1. 康德認為我們應該這樣思考：

　　(1)我們應該只能做那些符合「我們希望所有人也都遵守」的規則之事。

　　(2)假如我們說謊，我們就是遵守「可以說謊」的規則。

　　(3)這個規則不可能被所有人遵守，因為這樣我們就無法信賴彼此。

　　(4)所以，我們不應該說謊。

　　但是，Anscombe 認為康德的第二個前提出了問題：「為什麼我們說謊，就是『遵守可以說謊的原則』？」事實上你是「遵守『我為了拯救朋友的生命可以說謊的原則』」，而且這個原則可以成為普世原

則。換句話說，Anscombe認為絕對義務是沒有意義的，除非了解絕對義務的行為準則。

2. 康德認為我們無法預測行為的結果，因此只好照道德原則來行為。

例如，可能猶太朋友改變了藏匿地點，如果你說謊，可能剛好讓猶太朋友被抓到，或者如果你說了實話，可能剛好讓猶太朋友逃過一劫。康德認為，遵照道德行為所帶來的壞結果，行為者不必負責任，但是不遵照道德原則所帶來的壞後果，行為者必須負責任。

但是，事實上，雖然行為的後果不容易預測，卻也常常不是那麼不可預測。例如，在說謊的困境中，我們可以預測，若說了實話而讓朋友喪生，我們必定會因為幫忙迫害朋友，而受良心的苛責。

三、討論：道德原則的衝突與釐清

很多時候，價值與價值之間有矛盾，原則與原則之間有衝突。當誠實與拯救生命的道德原則相衝突時，我們可能必須選擇犧牲遵守誠實的道德原則，實踐拯救生命的道德原則。事實上，這種道德原則的優先次序，也有它的普世原則。

顯然，如何訂定道德價值或原則的優先次序並不容易，但是，我們仍然可以運用前幾章所提到的方法，思考道德原則的真偽，例如，前述Anscombe質疑康德誠實原則的第二個前提就是一個很好的例子。

除了從邏輯思考層次檢驗道德信念的真偽之外，從事實或經驗的證據上檢驗信念的合理性也是釐清道德原則的好方法。我們舉平等觀念為例來說明，因為任何道德理論都會談論到平等（impartiality）的概念。這概念的意涵是說，任何人的利益都是一樣重要，沒有人應該受到特別待遇。同時，平等觀念也意味著沒有任何團體應該被視為較低等，而受到較差的待遇。因此，種族主義、性別主義都是應該被譴責與排斥的。

然而，這個原則必然會受到種族主義者的挑戰，因為他們的信念可能是「白人是最優秀的人種」，基於這種信念，他們自然認為白人應該得到較好的工作職位，他們也可能希望所有的醫師、律師、老闆都是白人。這

時候，我們就可以理性地來問一個問題：「白人到底具備了什麼特質，使得他們適合高薪、高聲望的工作？」「白人是否在人種上有較高的智商？較勤奮的態度？」「白人是否更關心自己與家人？」「白人是否有能力從工作中獲得比別人更多的利益？」如果這些問題的每一個答案都是「否」，如果沒有好理由讓我們相信白人是最優秀的人種，那麼對人有差別待遇，或者對特定族群的歧視便是不能被接受的道德上的錯。

因此，平等的底線便是對人不能有差別對待的原則。但是，反過來說，如果這原則說明了種族歧視之所以是道德上不對的事情，它同時也能告訴我們為什麼有些時候差別待遇並非種族歧視。例如，如果有人要拍一部關於美國黑人民權運動領袖金恩博士的故事，那麼這導演應該不會要甘乃迪總統當主角。這種差別待遇便不是種族歧視。

綜而言之，一個有道德意識的人，應該是一個能隨時檢視自己的行為抉擇是否合乎思考邏輯，反思自己行為的理由是否合乎道德原則，同時顧及行為選擇結果所可能影響的每一個人之利益。

參考文獻

Rachels, J. (Sixth Edition by Rachels, S.) (2010). What is Morality? In *The Elements of Moral Philosophy* (pp.1-13). Boston: McGraw Hill.

Rachels, J. (Sixth Edition by Rachels, S.) (2010). Are There Absolute Moral Rules? *The Elements of Moral Philosophy* (pp.124-135). Boston: McGraw Hill.

第八章
道德義務與美德

請先看下面的故事：

> 我服務的公司是一家知名的汽車安全氣囊製造公司，專門研發新產品。有天我在一個舊檔案夾裡發現了一份十年前設計部門兩位工程師所寫的報告，裡面詳述公司在某一型安全氣囊設計上的缺失，雖然沒有立即而嚴重的安全問題，但是要補救這缺失，卻得花上相當多的時間與大筆經費。報告上說，他們準備重新設計安全氣囊。可是，當時的主管說安全問題不嚴重，如果公司重新進行設計而暫停該型安全氣囊的銷售，將對公司的營收產生非常不利的影響。主管說，若出現問題，再進行必要的修理就可以了，相信消費者不會發現這個缺失的。闔上報告，我真不敢相信，我們公司會把明知有瑕疵的產品賣給顧客。真沒想到當時公司的高級主管竟會縱容這種事情的發生！
>
> 我馬上去找公司主管，把報告拿給他看。沒想到主管看過報告後竟然說：「這件事已經過去了！這份報告早該銷毀了！舊事重提只會造成公司龐大的損失罷了！你知道，如果我們公開此事，媒體或政府主管單位可能會利用這個機會對公司大肆攻擊，要求我們負起該負的責任，甚至要我們的客戶召回裝載該型氣囊的所有車子。如此一來，我們好不容易建立起來的公司信譽可能毀於一旦，後果不堪想像。老實說，本公司可能不夠完美，不過，它既然沒有發生問題，我們只要面對未來，好好經營公司成為有社會責任感、有品質的公司就得了。」
>
> 我不同意主管的話，認為有社會責任感的公司就應該勇於承認錯誤，亡羊補牢，負責到底。如果公司就此不吭聲的話，那就與十年前那些人一樣辜負消費大眾對本公司的信賴！我們該向大眾公布此事，以保證同樣的

事不會再發生！我甚至跟主管說，如果公司不好好處理此事，我不惜單獨向大眾舉發此事！

如果是你發現報告，你會向大眾舉發這件事嗎？

選項：

⑴會，因為這牽涉到公司的誠信，社會大眾（利害關係人）有權了解「事實」。

⑵會，因為這牽涉到社會公正，公司不應該將額外增加的成本（更換氣囊的成本）轉嫁給消費者。

⑶不會，既然沒有發生問題，何必把它弄得太複雜。

⑷不會，揭露後可能讓公司倒閉、自己失業。

等了一星期，公司並未處理此事，因此我向報社舉發了此事，報紙登出斗大的標題：「高田（即本公司）的安全氣囊不安全？可能會發生危險！」顯然，報社記者危言聳聽，不說明那是過去的產品，也過於誇大該安全氣囊問題的嚴重性。雖然事情並沒有擴大，社會反應也在公司出面說明並保證免費更換新的安全氣囊後就沉寂下來，然而，公司上上下下卻開始對我另眼相待，避之唯恐不及，公司甚至嘗試提供優渥的退職金，希望我早點離開公司。當主管向我提出公司的條件時，我看著主管說：「我做了該做的事，可是現在我卻成了做錯事的人。那份報告不是我寫的，也不是我搞錯設計的，我說實話，告訴大眾真相，憑什麼大家要責怪我？我告訴你，我不辭職！也不調職！」

你認為故事中主角為什麼會向媒體舉發這件事？

⑴因為社會正義感。

⑵因為公司沒有人願意聽他的話，賭氣為之。

如果你是公司主管，你會希望故事主角離開公司嗎？

⑴會。

⑵不會。

為什麼？

當我們依據一個價值（如「誠信」）去控訴他人時，其動力經常來自於另一個價值（如「維護社會公義」）。同樣地，我們可能根據第三個價值（如「不傷害第三者」）而放棄我們的控訴。在此情況下，道德兩難是雙重的。

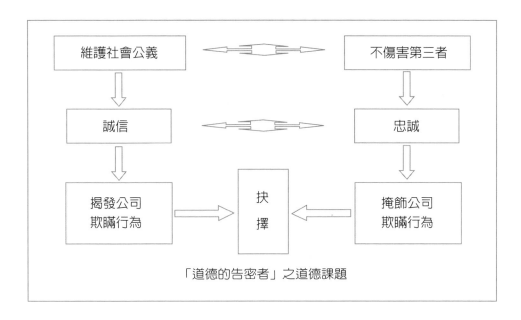

「道德的告密者」之道德課題

　　道德義務（道義）是個人為避免「不義因我而起」所負的行為責任，美德的追求則是個人為求「公義因我而實現」所產生的使命。因此，「不愛你的鄰人」不能算不道德，但是「愛你的鄰人」則是美德；同理，「不寬恕你的敵人」不能算不道德，但是「寬恕你的敵人」則是美德。據此，則在上述的案例中，「不舉發不義」並不能算不道德，但是「舉發不義」就是美德了。換句話說，在這樣的案例中，無論舉發或不舉發，都是合乎道德原則的行為。
　　我們如何思考這樣的道德困境？我們可以問：「從絕對道德的角度來看，怎樣的抉擇才是道德的？」我們也可以問：「從文化相對的角度來看，怎樣的抉擇才是道德的？」當然，我們還可以問：「從效用論的角度來看，怎樣的抉擇才是道德的？」然而，除了這三個角度，我們還有哪些

角度可以思考？

再來看看下面一個實際發生過的案例之整理報導：

這是擁有一百六十八年歷史的英國暢銷小報《世界新聞報》（*News of the World*）在2011年7月10日出版最後一期的封面，該刊自此停刊，永遠走入歷史。導致《世界新聞報》關閉的主要原因是，警方的調查發現，該報曾雇人侵入一名遭殺害女孩電話的語音信箱，並刪除部分留言，導致警方及家人誤信女孩仍然生存，嚴重妨礙對女孩失蹤案的調查。

這件震驚全世界的竊聽醜聞之得以曝光，主要歸功於英國《衛報》（*Guardian*）記者戴維斯（Nick Davies）鍥而不捨的追查。事實上，《世界新聞報》竊聽醜聞始於2006年，當年王室事務記者古德曼（Clive Goodman）與私家偵探馬爾凱爾（Glenn Mulcaire）因為竊聽手機留言，被判刑四個月。《世界新聞報》的母公司為國際新聞公司，是澳洲傳媒大亨梅鐸（Rupert Murdoch）的新聞集團英國分支。國際新聞公司當時聲稱，竊聽只是「一小撮害群之馬」所為，古德曼因而被解雇，且入獄服刑。當時英國多數傳播媒體、社會大眾以及警方，都接受了這個講法，只有《衛報》記者戴維斯繼續在2009年7月報導：「《世界新聞報》2008年在梅鐸之子詹姆斯

主導下，曾祕密支付七十萬鎊給竊聽受害人泰勒，以換取隱匿竊聽事件。」這則報導意味著，竊聽並非限於一小撮人，而是整個《世界新聞報》的高層都知情。

戴維斯的報導刊出後，警方馬上宣布進行調查，但是幾小時後就宣稱，並沒有新進展值得調查。國際新聞公司馬上趁勢反擊，狠批《衛報》誤導公眾。更糟的是，報業申訴委員會調查後亦堅持，竊聽只是《世界新聞報》「一小撮害群之馬」所為。因此，儘管《衛報》沒有放棄，戴維斯沒有放棄，他們的報導卻引不起關注，而一些關鍵線索又礙於英國法律不能公開。

直到《衛報》在2011年7月月4日揭發，《世界新聞報》在2002年3月曾竊聽十三歲失蹤少女的手機留言信箱，公眾才發現，原來《世界新聞報》的竊聽對象已不只是達官貴人，他們連一般平民也不放過，這才終於引發眾怒。在輿論一片譁然之際，人們進一步發現，《世界新聞報》的竊聽行為其實並非「個案」。根據警方調查，一名私家偵探在三年內就曾替三百名以上的記者進行竊聽或跟蹤的任務。《世界新聞報》的醜聞不僅葬送了這家百多年歷史的小報，也讓媒體的道德責任和職業倫理受到最嚴厲的考驗。

根據美國國會所公布的竊聽案相關資料顯示，早從2007年起，《世界新聞報》就允許旗下記者竊聽電話，報社主管對於這種行為不但知情，而且支持。然而，在《衛報》舉發整個竊聽案之前，《世界新聞報》一直聲稱，只有古德曼一人涉及竊聽，報社主管並不知情，直到整個事件公開之後，該報管理階層才不得不承認這個長久以來的陋習。

你／妳認為戴維斯為什麼堅持報導《世界新聞報》的竊聽事件？

⑴ 為了社會公義。

⑵ 為了個人名利。

如果你／妳是《世界新聞報》的記者，你／妳發現整個報社都將竊聽當作獲取情報的手段時，你該如何自處？

⑴ 為了社會公義，向社會大眾揭發報社不當的竊聽行為。

(2) 既然大家都這樣做，我也只能隨波逐流。

(3) 辭職自清。

一、美德的追求

在許多情況下，我們常常認為我們會表現出合乎道德行為的原則，是因為我們做出道德抉擇的「理由」比做出不道德抉擇的「理由」好。可是，理由的好壞判斷是主觀的，問題是，你要相信哪一種判準？你要相信道德自利主義者（Ethical Egoism）所說的，人該去做對自己最有利的行為？

柏拉圖在他的《共和國》（*Republic*）一書中，曾經講過一個故事：

有個牧羊人Gyges意外從山洞裡撿到一個魔戒，只要轉動魔戒，戴魔戒的人就會變成隱形人，別人都看不到他。

先想一下，如果你得到這樣一個魔戒，你會做什麼？

Rachels在"The Ethics of Virtue"（2010）一文中告訴我們，接下來Gyges做了什麼事：Gyges戴上戒指，到皇宮去，引誘了皇后，殺死了國王，竊取了王位以及國王的財富！因為他有魔戒，所以他做任何事都不會有人知道，因此也不可能得到懲罰。換句話說，他可以為所欲為而不會有任何不利於他的後果。在這種情況下，Gyges的行為似乎是可以理解的。他順著自己的欲望，做出對自己最有利的行為，但是，問題是，是不是所有的人只要有了魔戒，都會做出與Gyges一樣的行為？就像《世界新聞報》的記者，只要有了掩護竊聽行為的公司文化，所有的記者都會利用竊聽來獲取新聞呢？

答案顯然不是。然而，為什麼有些人能抗拒誘惑，不會做出像Gyges那樣的行為呢？Rachels認為最可能的理由是出於對神聖戒律的順服與接

受，例如：「不能違背神的旨意，做出不討神喜歡的事」，或者，「舉頭三尺有神明，若要人不知，除非己莫爲」。但是，對一個無神論，又不相信因果報應的人來說，他／她又有什麼理由要壓抑自己的願望，做出合乎道德原則的行爲呢？有一個好理由是，他／她想要成爲一個「好人」。換句話說，當「做一個好人」是自己的願望時，抗拒誘惑便是自己的選擇，遵守道德原則便是合乎自己願望的行爲。在沒有任何行爲責任的情況下，不會做出與Gyges一樣的行爲，而能遵守道德原則的人，便是有美德的人，因爲他所追求的是「道德因我而實現」的生命，是擁有美好特質的自我。

有美德的人是什麼樣的人？需要具備什麼特質？亞里斯多德認爲有美德的人就是，會將特定道德特質習慣性（habitual action）的表現在行爲上的人。所謂習慣性，就是已經將該特質完全內化，不須思考也會自動表現出來。那麼什麼是道德特質？有一個簡單易懂的說法是：會讓別人喜歡親近的特質。我們喜歡有學問的老師教我們知識，喜歡有技術的師傅幫我們修車，但是，作爲一個「人」，我們未必喜歡親近他們。因此，所謂美德，可以說，就是作爲一個讓人喜歡的人所須具備的的特質。到底什麼樣的特質可以稱爲美德？這個清單要列起來可就很長了：誠實、忠誠、慈悲、正義、慷慨、勇氣……等等，如果這樣來看美德，那麼，幾乎大部分的人都可以說是有美德的人了，因爲平時當表現這些特質不須付出太大的代價時，大部分的人都會選擇表現出這樣的特質。例如，看到車禍有人受傷時，一般人會幫忙打電話報警，因爲這是舉手之勞。但是，幫忙將傷者送醫院，就不是一般人會做的事了，因爲那不僅必須花時間、花力氣，可能還會惹上麻煩。只有當人能不計代價、不論情境、不關對象，「**習慣性**」地、一致性地表現或實踐那些我們珍愛、重視的特質或價值時，我們才能說，那人是有美德的人。

讓我們再來看另一個眞實案例：

由雕塑家蒲添生所塑，林靖娟老師捨身救人之雕像。（臺北市立美術館美術公園）

健康幼稚園火燒車事件

1992年5月15日，臺北市私立健康幼稚園師生舉辦校外旅遊教學活動，其中一輛由司機楊清友駕駛的遊覽車，搭載了五十三位家長、學生及老師，在行經桃園縣平鎮市中興路時，因車輛震動電源變壓器，致老舊電源線發生短路，導致電線走火、引燃易燃物而爆炸起火。此時司機楊清友先開啟右前門讓乘客逃離，接著想開啟後座安全門，卻發現安全門年久失修，無法打開，因此踢破安全門玻璃，自己先行爬出車外。遊覽車隨車小姐于桂英、幼稚園老師黃加添發現遊覽車的滅火器早已逾期三年，無法滅火。遊覽車起火後，路人除了立即報警外，也加入搶救行列。其中，幼稚園老師林靖娟原本已經逃出車外，但因惦念學生的安危，選擇重回火場，不斷上下車，來回奮勇救學生逃離火場，想從死神手中挽救更多孩子的生命。但終因火勢太大，最後懷抱四名幼童葬身火場，壯烈犧牲。這起車禍共造成二十三人死亡、九人輕重傷。

林靖娟老師的行為不是一般人做得到的行為，她愛人如己，甚至為了別人願意捨棄自己的生命。捨棄生命固然不是容易的事，然而，就是要捨棄身外物的財富，對一般人也不是容易的事。耶穌教導徒眾，當世界上有人挨餓時，就該散盡自己所有的財富去幫助窮人。顯然，這樣的教誨對一般人而言，也是很難完全遵從的。慈悲、慷慨分享，都是我們共同認定的道德原則，但是道德原則的實踐有其一定的人性限制。即使撇開生命這一最極端的犧牲，仔細想想，為了道德原則我們又能捨棄財富、名聲、時間、親情、愛情、友情到什麼程度呢？

　　通常的情況，我們無論是對自己或對別人的道德要求，大抵都有一個界限，就是不損失自己的利益為前提。最簡單的例子是，我們通常會譴責一個霸佔博愛座不讓位給老人家的年輕人，但是如果我們知道他當天因為打工、考試，的確十分疲累，自然就會收回我們的譴責，覺得情有可原。同樣地，當我們知道有企業為了賺錢而使用致癌塑化劑作為食物起雲劑時，我們會強烈譴責公司主管，但是對於知情員工的譴責就不會那麼強烈。為什麼？因為，要求別人做出自己未必做得到的事情，實在是不近情理。然而，也是因為我們知道人性的弱點，所以，對於能夠克服人性弱點、堅持道德原則的人，我們自然而然會敬佩、會喜歡這樣的人，尊稱他們是聖人、是義人。簡而言之，他們是有美德的人。

　　從林靖娟老師的例子，還有另一個角度來思考何謂「美德」。假設同樣是火燒車，有一位媽媽不顧危險衝上車救自己的小孩，最終不幸罹難。這位奮不顧身的媽媽顯然也是有美德的人，但是她成就的美德是母愛，林靖娟老師成就的則是大愛。母愛此一美德是有對象性的親情，大愛則是無特定對象的慈悲心，相較之下，「愛」此一美德，從「順手捐發票」的小愛，到捨身成仁的大愛，根據實踐的方式（是否犧牲自己的利益），以及實踐的對象（是否針對特定對象），似乎有個美德的光譜，引領我們從道德義務的實踐不斷去追求美德的最高境界。

　　也許，最終我們並沒有所謂「道德上正確的行為」（morally right action），因為有時候我們的確很難斷定什麼是道德上正確的行為或錯

誤的行為，例如，公司新進職員知道直屬長官違反公司規定向廠商拿回扣，究竟該不該向公司舉發此事？若是不舉發就是道德上錯誤的行為嗎？Anscombe認為我們有一個更好的描述與判斷行為的方式，就是「無法容忍的」、「不公平的」、「膽小的」、「鄉愿的」。換句話說，也許我們永遠無法明確地告訴自己或別人「什麼」是對的行為，「什麼」是錯的行為，但是如果我們相信人類是理性的動物，最重要的是，我們不像其他動物單憑直覺或習慣來決定行為，而是能夠根據理性來判斷行為的理由，並選擇較「合理的」理由作為行為的準則。因此，儘管我們的行為在很多時候看起來似乎互相矛盾，但是只要那都是我們認真思考道德原則、努力追求美德的結果，我們便能夠期待一個因為活得明白而更加令自己滿意的人生。

參考文獻

Rachels, J. (Sixth Edition by Rachels, S.) (2010). Ethical Egoism. In *The Elements of Moral Philosophy* (pp.62-79). Boston: McGraw Hill.

Rachels, J. (Sixth Edition by Rachels, S.) (2010). The Ethics of Virtue. In *The Elements of Moral Philosophy* (pp.138-172). Boston: McGraw Hill.

第二篇

科學與倫理

第一章
基因篩選的道德議題

一、孟德爾與遺傳學

近代，以統計的方法進行遺傳學研究，大概是在十九世紀中至十九世紀末時，奧地利的一位神父——孟德爾（Gregor Mendel）所建立的。孟德爾用豌豆來進行實驗，豌豆是各種生命現象裡面的一個例子，生物學所研究的生命現象雖然多樣，但遺傳現象就像是法國分子生物學家莫洛（Jacob Monod）所言：「從大腸桿菌到大象都一致的生命現象：『龍生龍，鳳生鳳』，所有的生命現象都會遵循這個法則。」孟德爾以豌豆進行遺傳學實驗的時候，以豌豆花的顏色為例，如圖1-1所示：豌豆的花有兩種顏色一為紫色，另一為白色。這個可以觀察到的遺傳特徵（trait），我們就稱作所謂的外表型（phenotype）。

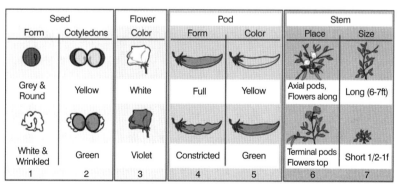

圖1-1　豌豆的花有兩種顏色一為紫色，另一為白色。這個可以觀察到的遺傳特徵（trait），我們就稱作所謂的外表型（phenotype）。（資料來源：維基百科）

再以豌豆為例，它的外表型可以是豌豆種子的顏色：是黃色的或者是綠色的，豌豆的豆莢是平整的還是有皺褶的，豌豆是長很高的高莖豌豆或

長比較矮的低莖豌豆等，這一些所觀察到的生命形貌，我們都稱作所謂的外表型。在十九世紀時雜交育種是很重要的農學研究，因為它可以人工選育出高產量的新品種，是解決糧食的問題的方法之一。在進行豌豆的育種實驗時，孟德爾發現一個特殊的現象：紫色花的豌豆（指每一代都開紫色花）和開白色花的豌豆（指每一代都開白色花）進行雜交後所得的種子，其播種後所開出來的花竟然都還是紫色的花。孟德爾就從這個實驗推想，應該有一看不到的關鍵「因子」在控制這可觀察的外表型，而且這個看不到的因子很可能會在遺傳的過程中隱藏起來，例如上述控制豌豆白色花的因子在與控制豌豆紫色花的因子混成時，白色花因子的作用會隱藏起來而使所有的花都開紫色的。孟德爾於是將此控制外表型的不可見因子稱為基因（gene），而控制同一外表型（如花色）的不同「版本」（如紫色和白色）的基因稱為對偶基因（alleles）。有趣的是，孟德爾將雜交之後紫色的花（注意它的遺傳是紫色的）再去做自花授粉的實驗。他發現將自花授粉所得的2000多顆的豌豆播種後，大概有3/4的豌豆都是開紫色的花，但是也會有1/4的花是白色的，也就是白色花又顯現了。綜合這個碗豆育種實驗的結果，孟德爾推論紫色的花跟白色的花雜交之後，開出來竟然都只有紫色的花，也就是說並不是紫白色的混在一起，而白花好像消失了！所以孟德爾就稱這樣的遺傳特性為「隱性遺傳」，而控制此外表型的對偶基因則稱為隱性基因（recessive gene），反之，不會在遺傳過程中隱而不見的外表型，如紫色花，其對應的對偶基因則稱為顯性基因（dominant gene）。孟德爾提出「基因是控制遺傳的假說」是研究生命遺傳現象的第一個突破性的概念，第二個突破性的概念是他進一步利用基因假說作為預測遺傳的模式。再以碗豆花為例，基因型P（purple）也就是代表顯性的紫色花的基因；基因型W（white）則是指白色花的基因，因其作用會隱藏起來而使同時帶有基因型P的花都開紫色，因此基因型W是隱性基因。

利用如圖1-2的劃分法就可以來區分說明，為何孟德爾將雜交之後紫色的花進行自花授粉的實驗，會觀察到子代有3/4會是開顯性紫色的花，有1/4會開隱性白色的花。所以孟德爾這個古典育種實驗告訴我們一個劃

時代的遺傳學想法：遺傳是可以計算跟預測的。孟德爾根據這個豌豆實驗結果提出遺傳的定律，即所謂的孟德爾的遺傳定律。

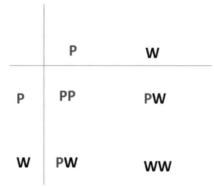

圖1-2　雜交之後紫色的花進行自花授粉的實驗，會觀察到子代有3/4會是開顯性紫色的花（PP+PW），有1/4會開隱性白色的花（WW）。（資料來源：維基百科）

　　孟德爾的遺傳的定律有兩個：第一個定律我們稱做「Law of segregation」，即所謂的分離律，也就是說一般的細胞中通常具有成對的基本遺傳單位，但是在生殖細胞的形成過程中，這些遺傳單位會彼此分離，然後經過受精作用才會結合成具有成對染色體的受精卵，而且其遺傳單位一個是來自雄性的親體，另外一個是來自雌性的親體，所以這個定律我們就稱做分離律。那另外一個我們稱做「Law of independent assortment」，所謂的獨立分配律。獨立分配律也就是不同的相對性狀，他們在後代的隨機組合中是任意的是隨機組合的，比如說豌豆花的顏色，紫花跟白花種，皮的顏色綠色或者是黃色，他們彼此是不會互相有依賴性的，他們彼此是獨立分離的，所以稱做獨立分配律。

　　孟德爾的遺傳定律最重要的觀念就是基因，在那還看不見基因的時代，這看不見的基因卻是控制可觀測的遺傳外表型。孟德爾再推論：因為我們的基因是遺傳自父親與母親，會成對的出現（雖然那時細胞學說、減數分裂、生殖細胞與體細胞等概念尚未建立），所以孟德爾就把這個概念再衍生為對偶基因。但要注意的是，對偶基因絕對不是只有兩種版本，或有絕對的顯性或隱性。

以血型為例，目前我們的血型分類最簡單的方法是我們稱做ABO血型，ABO血型分類是Karl Landsteiner於1909年首先提出的概念，此一創見使得輸血成為安全的醫學，拯救無數的生命，Karl Landsteiner也因此獲得1930年的諾貝爾生理醫學獎。依ABO血型的分類人類共有四種血型，分別是A型、B型、AB型跟O型，血型因為是可以檢測的，也就是說「可以觀察得到」，所以血型是一種外表型。

血型的基因型目前已經知道，其對偶基因其實是有3種版本：A、B和i 3種不同的版本。現在我們來分析一下血型的外表型和基因型間的關係：比如說父親的血型是B型，且是B跟i組合而成的基因型，其中B是顯性的基因，i是隱性的基因。若母親的血型是AB型，則其基因型是A跟B，這兩位父母結婚之後，他們生出來的小孩的血型可能為：1.1/4的機會小孩是AB型、2.1/4小孩的血型會是A型、3.1/2的機會小孩子會是B型。B型是外表型，但是其基因型會有兩種，一種是BB另一種是Bi，所以外表型雖是一樣的但是基因型不見得會一模一樣，這是一個遺傳很特殊的現像。

再舉一有趣的例子，父親的血型是O型則其基因型是ii；若母親是AB型，則其小孩子的血型可能為：1.有1/2的機會是A型的血型、2.有1/2的機會是B型的血型。所以AB型的母親跟O型的父親（或者反過來也是一樣），其小孩子的血型不是A型就是B型，他們的外表型完全不會跟親代一樣的。這是一個相當有趣的現象，但是他們的遺傳還是來自於原來的父母，因為他們血型的基型i或者是A或者是B都還是來自他們的父母，只是組合之後他們的外表型跟父母是完全不一樣的，這是孟德爾的遺傳定律，玄妙卻簡單且很吸引人的機制。

二、基因位於染色體上

基因是什麼？是否存在一確實的物理實體？孟德爾只提出遺傳會由基因來控制，也就是由「看不見」的基因來控制，但是他並沒有告訴我們基因是不是真的存在，也就是說基因是不是真的有一個物理實體？另外一個

問題是，假設基因存在的話是在我們身體或是細胞的哪個部位呢？要了解這兩個問題，首先必須要有新的科學研究工具。20世紀初的物理學有一個很偉大的發現：X光。德國物理學家倫琴（Wilhelm Röntgen, 1845-1923）首先發現X光，他也是1901年首度頒發的諾貝爾物理學獎得主。全世界第一張人體部位的X光的照片是由倫琴所拍的（圖1-3），是倫琴太太的手。

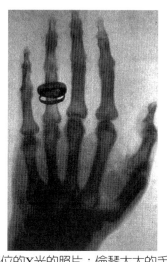

圖1-3　全世界第一張人體部位的X光的照片：倫琴太太的手。（資料來源：維基百科）

　　X光相當的特別，它可以穿過身體的內部看到肉眼所看不見的骨頭，更神奇的是，X光也讓我們證實基因的物理實體真的存在。這個研究首先是以果蠅進行實驗，是由美國哥倫比亞大學，摩根（Thomas Hunt Morgan, 1866-1945）的實驗室完成的。摩根從1904年開始用果蠅進行遺傳學的研究，他在哥倫比亞大學建立了世界上第一個「果蠅研究室」，並在1933年獲頒諾貝爾生理學和醫學獎。

　　摩根選用果蠅來做遺傳學的實驗，果蠅的眼睛大都是紅顏色的，也就是說果蠅眼睛遺傳的外表形是紅色的。摩根的一個學生米勒（Hermann Joseph Muller，1946年若貝爾生理或醫學獎得主），就用X光來照射果蠅。猜一猜這個紅眼睛的果蠅照了X光之後，它的眼睛會變成什麼顏色？

千萬不要被騙了！照了X光的紅眼果蠅，它的眼睛依然是紅色的，在它的下一代，眼睛很可能還是紅色的，但是它的下一代呢？

摩根就發現其子代竟然出現白眼的果蠅！經X光照射後果蠅眼睛遺傳的外表形會改變。這個實驗結果的生物學意義非同小可，它告訴我們兩件事情。第一，果蠅的遺傳基因會受到X光而改變，或是說X光是可以改變遺傳的；X光既然可以改變遺傳，所以暗示著第二件事情：基因真的有一個物理實體存在。

也就是說，基因這個物理實體它會受到X光影響而改變，所以讓它的遺傳產生了變化，推而廣之，米勒的這個神奇的X光果蠅實驗發現：親代經過X光照射之後它的下一代有可能改變遺傳的性狀或外表型，同時也說明了基因的物理實體是真的存在的。後來摩根也利用果蠅證，實孟德爾所提出的遺傳基因就存在真核生物的染色體上。

(一) 基因篩選的道德爭議一

目前根據這些開創性的實驗，科學的技術發展已經有辦法進行所謂的染色體核型分析，即所謂的karyotyping analysis。我們可以把人類的46條染色體（而且這46條染色體是成對的），即1到22對的體染色體，再加上1對性染色體，加以排列，所以你可以在醫院裡面抽完血之後就可以進行你的染色體核型分析。這個成人可以進行，那還沒有出生的小孩子呢？當然也是可以進行檢驗的，目前可以利用絨毛取樣或者是羊膜穿刺，在小孩子還在媽媽肚子裡面的時候，就可以檢驗胎兒的染色體。但目前使用這個遺傳學所發展的技術，可以在胎兒未出生前就告訴我們這位出生的小孩的健康狀況嗎？會不會有倫理道德爭議呢？

染色體核型分析除了告訴我們胎兒的性別以外，更重要的是它可以告訴我們這個小孩子的染色體是否是「正常」的。注意這個技術可以用在還沒有出生的小孩子。

我們先來看看這個染色體核型分析的例子：如圖1-4所示，染色體核型分析可以清楚地發現21號染色體不是一般成對的，而是有3條，這3條染色體就會造成這個出生的小孩子是一個唐氏症寶寶。

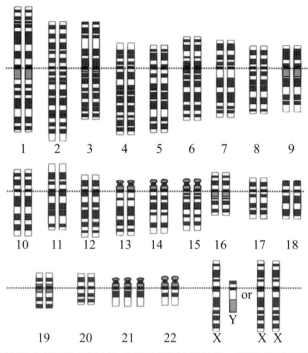

圖1-4　染色體核型分析可以清楚地發現唐氏症寶寶的21號染色體不是成對的，而是有3條。（資料來源：維基百科）

　　所以現在我們遇到一個問題，科學上是可以做的，但是道德上我們該不該做呢？也就是說如果這個小孩子在還沒出生之前，你已經利用染色體核型分析知道它是唐氏症的小孩子，那你要不要進行墮胎？而且每個人在道德上也許想法是不一樣的，下述幾個議題是值得討論的：

　1. 你是否會生下唐氏症的寶寶？

　2. 如果你已經知道這個遺傳的原理，而且你也知道有檢驗的方法（染色體核型分析），那麼你會不會生下唐氏症的寶寶？

　　唐氏症，有時候我們又稱作喜憨兒，研究的結果顯示生下唐氏症小孩子的機會，會隨著孕婦年齡的增加而遞增，比如說二十歲的孕婦大概只有一千兩百二十二分之一的機會，而三十歲的孕婦會有七百二十七分之一的機會；但是如果超過三十四歲的時候會增加到三百零七分之一！所以目前，我們的法規規定婦女如果超過三十四歲懷孕的話，就應該進行唐氏

症的篩選，也就是以染色體核型分析檢驗二十一號染色體是不是有增加一條。

為什麼要這樣做呢？因為唐氏症是我們目前最常見的染色體異常疾病，一年大概有一千位的喜憨兒誕生。唐氏症是最早，也是在孟德爾那個時代，一八六六年英國的醫生John Down，他所最先描述這樣的一個症狀：Down syndrome，所以就翻譯為的唐氏症。

早期有時候我們稱唐氏症為蒙古癡呆症，那後來大家覺得這樣可能會有歧視特殊人種的問題，這是在科學史上，有關疾病命名也曾出現過的一個道德爭議之一。經此一說明，我們再重新審視這因染色體核型分析，這個科學技術所引發的道德爭議問題：

1. **你會不會進行唐氏症的篩檢？**

你會不會進行唐氏症的篩檢，注意它是一個最常見的染色體疾病，目前的數據顯示：雖然三十四歲以下年輕的孕婦，會比三十四歲以上較高齡的孕婦有較低產下喜憨兒的機會，但統計分析的結果卻顯示，三十四歲以下的年輕孕婦是生育族群的大多數，而且他們也不會強制進行唐氏症的篩選，使得目前大概70%到80%的唐氏兒反而都是由年輕的媽媽所生的。

如果您會進行唐氏症的篩檢，那麼請在回答下面這個議題：

2. **你是否會生下唐氏症的寶寶？**

接著我們再來討論另一個問題：

3. **你是否會覺得不進行唐氏症篩選是不道德的？**

不進行唐氏症篩選是不是不道德的？有一個案例可以進行思考，在2001年法國有個唐氏症的小孩，對他母親的婦產科醫生提出控告，控告的理由是那名醫生讓他帶著疾病來到世間。結果法國的法院是判定這個唐氏症的小孩子是勝訴的。

這裡再次看到這樣的一個例子：你可以進行科學上的一個「動作」或「作為」，比如說進行唐氏症的一個篩檢是科學上可行的，但是你要不要生下這個唐氏症的小孩子呢？其實是會有一些道德的爭議的。

三、遺傳疾病的基因檢測，以及生命的多樣性／基因是染色體上DNA的編碼順序

在20世紀以後，遺傳學的進展有更突破性的發展，有趣的是這遺傳學研究突破所依靠的工具一樣還是X光！我們在前個單元裡面，說明了X光證明孟德爾所提出的基因不是一個不存在的東西，不是一個觀念也不是一個假說，摩根和米勒的果蠅實驗，更進一步的闡揚基因確實就存在我們的細胞核裡面，而且是在細胞核的染色體上。接著，經過許多科學家的努力，大家才知道原來基因就儲存在DNA這個分子上。但是DNA分子為什麼可以進行遺傳呢？這是利用化學分析無法解開的生物之謎，這時候還是要需要神奇的光芒──X光！

利用X光進行DNA的晶體繞射時，大家就可以想像，X光晶體繞射技術就是一個很特殊但威力強大的放大鏡或顯微鏡，利用此一科學技術讓我們可以一窺分子的內部結構。

1953年，兩位科學家：那時候才25歲的華生（James Watson）和35歲的克里克（Francis Crick），於劍橋大學的卡文帝西實驗室（Cavendish lab），利用X光對DNA進行繞射實驗的照片，拆解出DNA的結構，當DNA的結構清楚地攤在肉眼之下，科學家就很訝異的發現，DNA的結構是一個相當完美的雙股螺旋，有人就稱這個為「黃金雙螺旋」。

為什麼要雙股呢？原來DNA是一種聚合物，巨大的分子裡僅有4種組成：A、T、G和C。ATGC代表4種不同的核甘酸，有著相同的磷酸根（pohosphate），相同的五碳醣（ribose），唯一的差別就是在這個五碳醣上面會接有4種不同的鹼基（base）。

A，所謂的腺嘌呤；T，所謂的胸腺嘧啶。A、T會互補，也就是說他們兩個分子的結構在DNA裡面只要其中一股的位置出現，A的時候，在其對應那一股的相對位置一定會出現T。G，所謂的鳥糞嘌；C，所謂的胞嘧啶。G、C會互補，這G鳥糞嘌呤只要出現在其中一股，他所對應的另一股絕對會出現胞嘧啶C。所以DNA雙螺旋的結構背後所隱藏的遺傳學意

義，就是生命是由ATGC形成互補配對的方式主導所有遺傳現象，遺傳就是利用這ATGC這4種編碼寫在我們染色體的上，而基因就是由ATGC的排列順序所構成的，所以到1953年時我們終於解出遺傳的奧祕就藏在ATGC的編碼上。

　　這個編碼以我們人類而言，大概有3.3×10^9個ATGC寫在我們每一個細胞核裡面，可以想像我們每一個人的ATGC編碼都不一樣，所以每一個人的遺傳也就不會完全一樣。在了解神秘的遺傳編碼後會有何應用？又會有哪些道德爭議呢？

㈠基因的篩選的道德爭議二

　　很顯然正常的父母有可能會生下侏儒症的寶寶，這是因爲在遺傳的過程中，基因、也就是ATGC的編碼所產生的錯誤所致。基因編碼錯誤有可能是自發性的，也就是說父母親都是正常的編碼，但是在染色體重組的過程中產生了一些缺失，或者是飲食，或者是環境，甚至有可能照了x光之後導致基因的編碼改變，尤其是在生殖細胞（精子或卵子）上產生的變異，就有可能生下發育有異的小孩。

　　例如，侏儒症是因爲軟骨發育不全所造成的，利用遺傳學（或說基因）的技術——基因定序，就可以知道還沒有出生的小孩子是否有遺傳上的缺陷，跟我們前面提到的唐氏症寶寶一樣，只是對於唐氏症寶寶，你只是檢查染色體有沒有異常，而基因定序技術，可以更進一步去破解染色體上面DNA基因裡ATGC的排列，如果父母親發現ATGC的排列出了問題，就可以即時決定要不要生下這樣的小孩子。所以目前已經有新的，或分子生物科技可以幫我們檢驗到胎兒的ATGC編碼，這就會衍生出一個問題：你要不要進行ATGC這麼精細的遺傳學的篩檢？

　　我們舉一對夫妻作爲一個「特殊」的例子，這對夫妻也許比較少見，他們兩位都是侏儒症，都得到了侏儒症的父母，他們也會生下侏儒症，當然他們也有機會生下「正常人」的寶寶。雖然他們在遺傳上的缺陷同時遺傳給未出生的寶寶的話，那個小孩子其實在出生不久就會死亡，但是他們有四分之一，也就是25%的機會可以生出正常的寶寶，這裡就可以看到一

個現象：這對夫妻對他們的胎兒做了基因篩選。

　　但是這一對侏儒症的夫妻做基因篩選的目的是希望能夠生出跟他們一模一樣的侏儒症的小孩！他們希望能夠把那四分之一，也就是能生出正常的小孩的機會給排除也就是進行墮胎！所以這又是一個應用科技的時候，確實就會出現道德爭議的例子。譬如說這對侏儒症的夫妻他們這樣做是否有道德呢？但是反過來看我們呢？我們都希望不要生出侏儒症的小孩子，但是侏儒症的父母可能希望不要生出「正常人」的小孩！當然也許對侏儒症的夫妻而言正常人不見得是正常的。

　　現在已經有技術可以在小孩子還在胚胎的時候就進行遺傳疾病的篩選，譬如說剛才舉的例子，是侏儒症可以透過讀取小孩子DNA上面的ATGC編碼得知他有沒有遺傳性的疾病，但浮現的倫理問題是：

1. 你會不會進行產前的遺傳疾病的基因篩選？
2. 假設你已經進行了遺傳疾病的篩選，比如分析他是否具有軟骨發育不全的遺傳缺陷，你會不會生下具有遺傳缺陷的寶寶？

　　當然，如果不去進行遺傳疾病的篩選就不會有一個這樣的顧慮，因為根本不曉得未出生的寶寶是否具有遺傳缺陷，但假設已經進行產前的遺傳疾病的篩選，那麼你會不會生下具有遺傳缺陷的寶寶？

　　這裡除有道德上倫理的議題外，還會涉及到生命多樣性的問題。也許在地球目前這個環境裡面，人類這七千或者八千所累積的文明，並不完前適合這一些侏儒症的小孩子或侏儒症的人類生活，但是也許有一天地球的環境會改變，也許那時候的地球環境只比較適合這樣侏儒症的人類生活，所以其實如果我們進行大量的遺傳篩選的話，也許會降低我們人類的多樣性。那假如有一天「地球侏儒化環境」形成時，目前進行這樣的基因篩選反而是不利的！演化就告訴我們有這樣的例子存在：

　　從道德切入，在美國有一個侏儒症學會，其中一任的會長就說過：「如果早在二十二年前（因為當年他接受訪問的時候是二十二歲）就有這種侏儒症的遺傳缺陷的基因篩選技術，也許我今天就不存在了！」這位侏儒症學會的會長表示，他跟一般人的生活並沒有什麼兩樣，他的智慧也一

樣也可以做很多一般人可以做的事情，但是如果在多年前這一個技術存在的話，他們這樣的人種很可能就消失了。

在印尼的森林裡面存在著一種大象，這種大象比亞洲象還要小，也比非洲象還要小一倍，這樣的大象我們稱爲侏儒象，就類似我們看到身高比較矮的人類就稱他爲侏儒症。有趣得是，侏儒象在印尼的叢林裡面反而有優勢，因爲在那個叢林裡面大象的體積如果太大的話，反而不適合在那樣的雨林裡面生存，但身高比一般的大象小了一公尺的侏儒象，卻可在印尼的雨林裡面存活的相當相當的好。

所以其實如果以生命的多樣性而言，進行基因的篩選確實會降低我們人類的多樣性。但是大家也要思考一個問題，如果你不進行基因的篩選，有可能你會生下有遺傳缺陷的寶寶，那這遺傳缺陷的寶寶有許他有一天也會想說，你爲什麼要讓我帶著這樣的一個疾病或缺陷來到這個人世間？或者也會需要我們社會更多的社會資源來進行照顧，父母親也會受到很多社會的壓力以及經濟上面的壓力，所以其實是不易做決定的。

結語

雖然我們對科學技術的了解沒有問題，也欣賞科學的突破進展，但是當有一個科學突破要進行應用的時候，我們確實都會遇到一些道德上的問題，而且以生命多樣性來看，就演化的觀點而言，遺傳篩選確實存在爭議。

課中思考議題與測驗

一、課中思考議題（請選擇您的答案並簡述理由）

1. 你是否會生下唐氏症的寶寶？

   ⑴會　⑵不會

2. 你會不會進行唐氏症篩檢？

   ⑴會　⑵不會

3. 你是否覺得不進行唐氏症篩選是不道德的？

(1)是　(2)不是

4. 你會不會進行產前遺傳疾病症篩檢？

　　(1)會　(2)不會

5. 你是否會生下有遺傳缺陷的寶寶？

　　(1)會　(2)不會

二、測驗題

(　　) 1.基因的物理實體是：(1) 蛋白質　(2) 脂肪　(3) 去氧核醣核酸　(4) 核醣核酸

(　　) 2.基因位於真核細胞的：(1) 細胞膜　(2) 粒線體　(3)細胞核　(4) 核醣體

(　　) 3.遺傳學之父是：(1) 孟德爾　(2) 達爾文　(3) 牛頓　(4) 費雪

(　　) 4.基因所決定的是生物的：(1) 個性　(2) 本能　(3)外表型　(4) 壽命

(　　) 5.父親的血型為AB型，母親的血型為O型則小孩之血型為O型的機率為：(1) 1/2　(2) 1/4　(3)0　(4) 1/3

(　　) 6.偉大的遺傳學家摩根採用的模式動物是：(1)蜜蜂　(2)果蠅　(3)牛　(4)老鼠

(　　) 7.可以判定染色體變異遺傳疾病的檢測稱為：(1) 染色體核型分析　(2) X-光顯像分析　(3) 科霍測試　(4) 卡方檢定

(　　) 8.唐氏症是因為哪一對染色體異常所致：(1) 12　(2) 22　(3) 21　(4) 20

(　　) 9.女性於幾歲以後懷孕生下唐氏症小孩的機會顯著增加：(1) 28　(2) 34　(3) 40　(4) 42 歲

(　　) 10.DNA的晶體結構顯示其為：(1) 3螺旋　(2) 2螺旋　(3) -螺旋　(4) 螺旋

第二章

是研究還是異端？基因工程的倫理議題

一、基因工程（Genetic engineering）

什麼是基因工程呢？基因工程其實就是操控在染色體上DNA排列順序的這個過程，基因工程和傳統的工程概念不太一樣，不是利用特殊的機械或特殊的裝置，也不需要用到電腦進行控制，基因工程用到的是能改變或操控DNA分子的酵素。基因工程會用到的酵素最少有兩種：一種我們稱做限制酵素，或者稱作限制酶（restriction enzyme），限制酶是基因工程的剪刀，可以選擇性而不是任意的切割ATGC排列的順序。

比如說限制酵素Eco RI，所進行切割的順序是GAATTC，這一個限制酶，或者想像這一把剪刀所剪切的位置就只有出現在GAATTC，若是改變成GAATTG、CAATTC、GATTTC……等非GAATTC的序列，制酵素Eco RI是不會進行剪切的。我們可以用機率來進行計算這剪切的選擇性：因DAN的組成只有ATGC四種，那麼像「GAATTC」這樣由6個核甘酸構成的序列會有4^6種可能。因此4096個鹼基上ATGC任意排列時，就有機會出現一個像「GAATTC」這樣的序列。

但是，限制酶只會選擇性地把特定的序列進行剪切，剪切完之後若要再黏回去就必須用另外一種酵素：連接酶（ligase），或我們可以稱他做是基因工程的漿糊。有了這兩種很簡單的DNA酵素工具在手頭上，人類才能開始進行基因工程。基因工程最早是在1973年史丹佛大學，由質體專長的科學家Stanley Cohen，跟限制酶專長的Herbert Boyer首先完成的工作，他們在1973年的時候，完成第一個讓大眾開始覺得有點害怕或者說改變的實驗：他們成功地將爪蟾的一段基因先用限制酵素剪下來之後，再

用連接酶接到大腸桿菌的質體DNA上，於是乎大腸桿菌就獲得爪蟾的遺傳基因，而且也可以成功地把青蛙的基因在大腸桿菌內「表現」出來，也就是說改變了大腸桿菌的遺傳外表型，因為此被轉型的大腸桿菌含有爪蟾的遺傳基因。所以在1973年的時候人類第一次可以根據意志力，或者說人類的想像，或是人類的意願來操控遺傳，這樣的一個過程我們就稱做基因工程。

　　基因工程對人類的文明社會產生哪些變化？又有哪些突破呢？我們用這個例子進行說明。鮭魚一般的大小大概只有13英寸長（圖2-1），重約1.5公斤或者說2.8磅，如果你用基因工程把鮭魚的生長激素改變之後，這樣的鮭魚，就稱做基因改良的鮭魚，所謂的GMO鮭魚（Genetic Modify Organism），或稱基改鮭魚。和非基因改良在相同的生長期比較，這種基因改良鮭魚的體長可以達到24英寸，也就是一般正常養殖鮭魚的兩倍左右，而重量可以達到6.6磅左右，接近了2.5倍。所以利用基因工程，顯然可以讓我們的食物更容易取得或變得更多，也許也可以用來解決人類在人口增加後的糧食問題，目前（2015）地球的人口約70億，但2050年時可能會直逼90億而產生糧食危機。

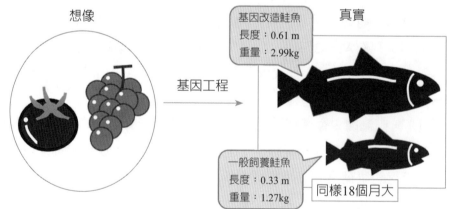

圖2-1　基因工程的實現，以基因改造鮭魚為例。（資料來源：維基百科）

二、基因工程的道德爭議

但是這樣的鮭魚真的對人類無害嗎？對地球生態不會帶來不可知的風險嗎？下述幾個議題是值得討論的：

1. 基因工程是否有未知的風險？
2. 你是否贊成GMO？你會不會食用基因改造的食品？
3. 基因檢測所引發的倫理議題。

㈠ 基因工程是否有未知的風險？

前述的說明我們可以了解進行基因工程其實相當的簡單，你只要用酵素「剪刀」跟「漿糊」（即限制酶與連接酶）。那麼這簡易的酵素DNA生化反應過程，基因工程到底有沒有風險？當1973年Herbert Boyer在核酸的Gordon Conference，針對他和Stanley Cohen的實驗結果進行發表後，人類操作遺傳的技術正式來臨，而不再只是小說中想像的未來。

在那時候，大家對基因工程的威力充滿想像也很令人興奮，但也夾雜著不安的情緒。因為在那個基因工程的肇始之時，就有科學家開始嘗試要把皰疹病毒的基因，甚至是有一些會造成癌症的病毒上面的基因「剪下來」，而且把它放到質體裡面，並依基因工程的標準做法，將這些病毒基因放進大腸桿菌中。但這些實驗安全嗎？我們可以想像會有下類三種可能：

第一個狀況是安全。

第二個可能是危險。

第三個則是有未知的風險。

先想像一下，你如果是在1974年的人，那你在新聞裡面或者是在報章雜誌裡面（當然那時候還沒有internet不可能在網路上看到）得知威力強大的基因工程，你會覺得基因工程有風險嗎？以1975年某天的波士頓全球報為例，其頭版的消息的標題是：「科學家繼續危險的研究，人間大浩劫危機四伏。」但是真的如此嗎？事實上，當1973年基因工程成功公諸於世之後，科學家其實是滿自律的，比如說1974年《科學雜誌》

（*Science Magazine*）裡就以很大的標題進行報導：「重組DNA有可能的風險！」那時候科學家也開始思考問題基因工程的安全議題，他們認為基因工程其實是有一些未知的一個風險，所以科學家願意自律，他們把哪一些實驗是可做的，哪些實驗是不可做的進行規範，此規範是由美國科學衛生研究院（簡稱NIH），根據艾詩瑪會議的結論來訂定基因工程的規範。全世界或者美國的每一位科學家，每一所大學，每一家公司都必須遵守NIH所訂的這個基因工程的規範。

這個規範是由1975年召開的艾詩瑪會議所訂定的，艾詩瑪會議相當的重要，因為他規範了基因工程的守則。在這個會議裡面，2002年諾貝爾獎得主Sydney Brenner也參與了這個決策，他開玩笑地說：「基因工程的安全問題有兩個選擇，第一個選擇是讓這些微生物安全到沒有任何的事情會發生，第二個選擇是讓他們危險到每個人都懼怕接觸。」當然這個是有點開玩笑的講法，也就是說這個時候有如前面所講的基因工程有可能會有一些未知的風險。有趣的是，在這一個會議裡面許多科學家也觀察到一件事情——參與者雖然都是有名的科學家，但他們的私心顯而易見，每個人都主張他們的實驗安全無疑，但卻樂於管制其他領域的研究。所以從這個會議我們也可以看到：「科學倫理道德，確實會決定你會不會進行某一些實驗。」

在1976年的時候，美國劍橋的市長就提到美國劍橋市裡有兩所很有名的大學——哈佛大學和麻省理工學院，這兩所世界聞名的大學在1976年的時候，基因工程是不可以在他們的校園裡面進行的。但是近40年過去了，我們可以看到夢魘有可能是消失了，比如說1982年的時候，在美國所從事的基因工程研究計畫，95%已經不會在美國國家衛生局研究院所規範的管制當中了，也就是說這些基因工程的實驗，基本上95%都是相當安全的。所以剩下的問題是什麼呢？也就是說基因工程本身，在技術層面上安全也許是沒有問題，但是它的應用則可能會引發一些倫理道德的問題。在21世紀基因工程有可能面對的是，這些實驗應不應該因為道德的理由受到限制，也就是說在技術上是可行的，但是在倫理上面也許會有爭

議的。1975年諾貝爾生理或醫學獎得主David Baltimore，他對這件事情的看法是：「科學家只有兩種選擇，第一個不是完全的放下科學，就是冒著你的研究可能遭誤用的危險。」這也凸顯了科學與倫理的重要性。

基因工程可能引發的倫理衝擊是什麼呢？我們舉兩個議題來進行討論，第一個是有關於GMO作物與食品的爭議，就是基改作物與基改食品的爭議，第二個是成人基因檢測的議題，也就是說基因檢測在胎兒（詳見第九章）以外，會不會也會引發一些倫理的議題。

㈡ 你是否贊成GMO？會不會食用基因改造的食品？

綠色和平組織（Green Peace）是反對GMO作物的，為什麼呢？因為綠色和平組織認為GMO作物可能會引發一些未知的風險，這個未知的風險有可能是安全的問題，也就是說你吃的GMO食品會不會致癌？會不會過敏？雖然目前這兩個議題的風險，以動物所進行的實驗來推測，是很微小的，但是對於可能會破壞自然生存環境的風險，則是較難評估的。基因改良的玉米或者是大豆，最常重組而「攜帶」的有兩個基因：抗除草劑的基因與簡稱叫BT，它是一種殺蟲的基因。

一般的環境裡，植物並不會有這兩種基因，但是利用遺傳工程可以讓這兩個基因進到植物的遺傳物質中，植物也有可能會傳播這兩種基因，有些雜草就會得到抗除草劑的基因，所以要除雜草就必須用更多不同的除草劑，這個時候環境的議題就開始出現了。另外有一些食草的蟲子比如說大黃蝶，這些蝴蝶的幼蟲吃到了這些對蟲子有毒的基改植物之後可能就會死掉，所以也會造成某些環境上面不可預知的風險。

這時候GMO作物就會造成一些爭議，不只是綠色和平組織進行抗議，在很多歐洲的國家，甚至在美國，在東南亞，在印度，在非洲，這些基因改良的作物能不能種植都是很大的議題。但是基因改良作物的問題，並不只是這麼單純的議題，尤其是在面對人口過剩時，所面臨的糧食不足問題，GMO作物是無可避免的一個選項。就如現前所提到，生長快速的基因改良鮭魚的例子，GMO作物有可能就是解決我們糧食問題的一把鑰匙。

再以黃金米（Golden rice）為例，黃金米本身就可以表現出維他命A的前驅物，所以它外表看起來是金黃色的（圖2-2），只要吃了黃金米之後，就可以不用服用維他命A而獲得足夠的維他命A。缺乏維他命A有可能會導致夜盲甚至有死亡的風險，在第三世界裡，因為缺乏維生素A而導致眼盲的例子其實相當多，有鑑於此，德國跟瑞士的科學家他們就利用基因工程的方法，來產生含維他命A的黃金米基改作物。

圖2-2　基因改造隻黃金米（左）。（資料來源：維基百科）

　　但是目前這種黃金米能夠種植在哪個國家呢？菲律賓在2013的時候才開始種植黃金米，但是它在菲律賓種植之後也遭受很大的反對，甚至有些人把種植黃金米的水田都給摧毀了。所以基因改良的作物確實會引發很多的爭議。

　　再看另外一個例子：基改的寵物貓（圖2-3）。這個寵物貓有兩種，一種是它在夜晚的時候會發出螢光，另外一種基改的寵物貓讓你比較不會過敏，因為有些人對貓是會過敏的，利用基因重組進行改良，讓這個貓降低它的過敏原。在2007年的時候，這基改的寵物貓其實是銷售最好的寵物之一，所以也許大家可以看到大量種植的基改大豆，黃金米會引發社會的爭議，但是這個寵物貓目前看起來好像沒有太大的爭議，而且它還能夠進入寵物銷售排行榜的前十名。

圖2-3　基因改造隻寵物貓示意圖。

(三) 基因檢測所引發的倫理議題

　　基因工程有可能引發的倫理議題，或產生的一些在社會制度及立法的衝擊，是在基因工程進入1980年代後，漸漸地浮現。從1980年代起，我們已經有辦法把基因上AGTC編碼一個個解讀出來，這是由獲得兩次諾貝爾化學獎的Frederic Sanger所開創的基因定序法，這也揭示我們已經有辦法開始來「讀」所謂的「生命之書」。

　　所以在1990之後美國就開始了一個大型的計畫，稱之為人類基因體計畫，簡稱為HGP（Human Genome Project），這計畫在1990年是一項壯舉，又稱為生命科學的登月計畫。原先由華生所領導HGP估計要花15年的時間，從1990開始，預計2005年完成。但是進展比預期中快速，在2001年的時候人類基因體的整個草圖已經完成，人類30億個基因編碼，

即$3×10^9$個ATGC已大抵定序完成。在1990時，初估每讀出一個人類的ATGC編碼，大概要1美元，所以人類大概有30億個鹼基對，而HGP的經費就估計大概要30億美元，完成之後在2001年結算的時候大概花了38億美元，事實上這個計畫於開始之初因所需之預算過於龐大，有些科學家反對這個會排擠計畫預算的計畫，並認為僅是技術的程次，對科學的貢獻可能不值得投資30億美元！

但是花了這38億美元對人類社會有什麼貢獻呢？後來的研究估算這38億元的投資可以得到7千9百6億美元的回饋，且讓生命科學的研究進入另一個新的世代──後基因體時代（post genetic era）。然則科學的進展是否都是好的？我們馬上又會遇到無法預期的惡開始降臨，在人類已經可以充分的解讀人類遺傳的編碼後會有那些衝擊呢？

我們以歐洲的皇家遺傳疾病為例子來討論（圖2-4），這是一個人類基因部分的定序結果，也就是所謂人類基因的編碼，此基因的來源是一個在歐洲流傳很久的Royal Disease，即皇家疾病；因為歐洲的貴族早期都是互相通婚，使得性聯遺傳的血友病成皇家貴族的一個「病徵」。俄羅斯的尼古拉二世，這個悲慘的家族因為他們在列寧革命的時候，整個家族被滅口了，他們的骨頭在1970年代找到，在1990年代的科學家，對他們骨頭裡的DNA進行解碼，解碼之後發現，原來所謂的皇家疾病是第九號凝血因子這個基因出了問題（圖2-4）。

他們的ATGC的編碼顯示，正常人，即沒有血友病的人，編碼位置是A（圖2-4，箭頭所示），但尼古拉二世皇家的小孩其第九號凝血因子卻將A成了G，這讓他們的第九號凝血因子基因有了很大的變化而導致他們得到血友病，這個有點傳奇性的例子凸顯出我們已經有科學技術做遺傳疾病的基因檢測，這個遺傳疾病的基因檢測所引發的倫理衝擊是複雜的，我們以兩個疾病：乳癌（breast cancer）和阿茲海默症進行說明。

和乳癌發生率最相關的兩個基因是BRCA1（位於17號染色體）或是BRCA2（位於13號染色體）。這兩個基因可以用檢測基因的方法，讀出ATGC排列的順序，所以去醫院裡面抽血，對BRCA1或BRCA2這兩個基

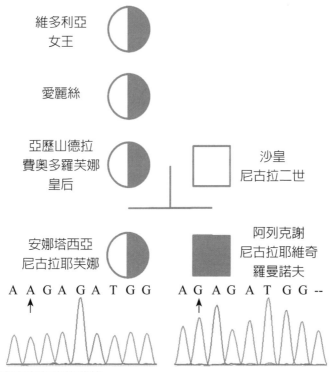

愛麗絲

A A G A G A T G G   A G A G A T G G --

圖2-4　歐洲皇室血友病的遺傳。

因編碼的檢測的話，如果有突變那麼得到乳癌的機會是一般人的九倍，這
也就導致爲什麼安潔莉娜瓊斯她一檢測完之後馬上切除她的雙峰，因爲她
覺得她得到乳癌的風險是一般人的九倍以上！BRCA1與BRCA2的突變是
九倍的差異，但是有些和乳癌風險相關的基因，比如說CHEK2、FGRF2
或是TNRC9，這些基因如果突變的話，也可以用相同的方法進行基因檢
測，但是得到乳癌的機會，比一般人只高了13%到16%，那麼這時候你要
不要進行乳房的切除手術呢？

　　所以這裡我們就產生一個基因檢測的倫理議題：你會不會進行疾病的
基因篩選？因爲這個技術已經很成熟了，只要去對應人類正常的基因編
碼，就可以知道是不是有這方面的遺傳疾病，或潛藏著疾病的可能，雖然
還沒有發病。會不會進行疾病的基因篩選是自身選擇的議題，但若是工作
或是保險的需求，你會不會進行基因的篩選，也就是說如果有雇主或保險

公司希望你進行基因篩選，你會不會做這件事情？

　　接下來探討的疾病是阿茲海默症，又有人稱它為老年失智症，或是老年癡呆症。阿茲海默症只有少數的例子與遺傳有關的，大部分都與老化有關，阿茲海默症的患者腦部會有一些萎縮及空洞產生，有點像狂牛病的病癥，與阿茲海默症有關的遺傳基因目前已經知道的是APOE基因。人類的APOE基因有三個版本，分別稱做APOE2，APOE3，和APOE4，目前的研究顯示APOE3對阿茲海默症而言是比較中性的，即所謂的neutral，也就是說跟這個疾病之關係並無顯著的關係。而APOE2則會使人類較不容易得到阿茲海默症，反之，具有APOE4這個版本的APOE基因，得到阿茲海默症的風險就比較高。

　　從孟德爾遺傳定律我們可以得知，子代會各別從父親跟母親身上得到一個遺傳基因（染色體於體細胞中皆是成對的），研究顯示，假設你只得到一個APOE4基因的話，那麼你得到阿茲海默症的風險是一般人的五倍，也就是跟APOE2、APOE3來比的話；但是如果不曉得是幸運或者是不幸，你從父母雙方都得到的是APOE4這個版本的基因，那麼你得到阿茲海默症的風險是一般人的20倍。所以你會不會進行APOE基因的篩選，事先知道你會不會得到遺傳性的阿茲海默症，或者稱做早發性的阿茲海默症呢？

　　一般而言，阿茲海默症會在65歲以上才發病，如果你是遺傳性的也許在四十幾歲就會發病，但目前已有基因檢測的技術，你體內的APOE基因是何種對偶基因是可以清楚地「讀出」的，那你會不會進行這樣的一個篩選呢？根據文獻的統計，大部分的人並不想要進行遺傳疾病的篩選，尤其是對於阿茲海默症的基因檢測。

　　有一個發生在美國的真實案例：有一對兄弟，他們的父親在四十幾歲的時，被診斷確定為早發性阿茲海默症的病患，這兩個兄弟，哥哥不要進行基因篩選，因為他沒辦法接受這麼早就會跟他父親一樣會罹病。但是弟弟呢，也許可以說他比較勇敢，他決定進行阿茲海默症的基因篩選，他在進行篩選之前曾說他的生活態度因為這樣有了改變，他多規劃了一些出國

的旅遊，沒有什麼存款，因爲他覺得也許他得到早發性阿茲海默症的機率相當高，所以應該是要及時行樂。

目前，某一些疾病比如說癌症、神經退化性疾病、心血管疾病等，已經可以在發病之前就進行基因檢測，進行基因檢測也許好處是可以進行預防，但是也會同時給你帶來陰影。另外一方面，如果保險公司透過基因檢測進行調整每一個人的保費，這時候不但會有保費不平等的問題，也會有爭議，因爲每一個人會因爲你的出生「基因」不同，保費就不一樣，而形成一種實質的不平等，這將是很大的社會爭議與倫理問題。所以基因工程又是一個例子，其科學本身是沒有倫理爭議的，但是人類要怎麼有智慧、有倫理道德的去思考應用這樣的一個科學技術，是很值得大家去進行深思的。

課中思考議題與測驗

一、課中思考議題（請選擇您的答案並簡述理由）

1. 你反對基因改造生物嗎？

   (1)反對基因改造生物　(2)不反對基因改造生物

2. 你會食用基因改造食品嗎？

   (1)會　(2)不會

3. 你對基因改造生物的研究看法爲？

   (1)反對基因改造生物的研究　(2)不反對基因改造生物的研究

4. 你會進行疾病基因篩檢嗎？

   (1)會　(2)不會

5. 若工作或保險需求你會進行基因篩檢嗎？

   (1)會　(2)不會

二、測驗題

( ) 1. 可以操控遺傳的技術稱為：(1) 機械工程　(2) 奈米工程　(3) 基因工程　(4) 發酵工程

( ) 2. 基因是DNA上核苷酸的：(1) 電性　(2) 排列順序　(3) 分子量　(4) 磷酸數

( ) 3. 一般用來操縱基因的工具是：(1) 酵素　(2) X-光　(3) 育種　(4) 雷射

( ) 4. 人類的基因體約有幾個鹼基對：(1) 300萬　(2) 3000萬　(3) 30億　(4) 300億

( ) 5. 1975年首次對基因工程的安全議題進行討論的會議稱為：(1) 戈登會議　(2) 艾詩瑪會議　(3) 開羅會議　(4) 京都協議

( ) 6. 1973年首先將青蛙的一段基因片段植入大腸桿菌中的基因工程實驗是Stanley Cohen和：(1) James Watson　(2) Robert Hook　(3) Issac Newton　(4) Herbert Boyer

( ) 7. 人類基因體計畫實際執行的時間是：(1) 1980-2010　(2) 1990-2001　(3) 2000-2010　(4) 1995-2012

( ) 8. 與乳癌致病最有關的基因稱為：(1) c-myc　(2) p53　(3) BRCA1與 BRCA2　(4) Ras

( ) 9. 與Alzheimer's disease致病最相關的APOE基因是：(1) APOE 1　(2) APOE 2　(3) APOE 3　(4) APOE 4

( ) 10. GMO是指那一種生物：(1) 綠色生物　(2) 複製生物　(3) 基因改造生物　(4) 有機生物

第三章

是研究還是異端？生物科技的倫理議題

一、有關於動物實驗的爭議

　　在生物科技的研究中不可避免的會進行動物實驗。如圖3-1所示，兩隻互相擁抱的大猩猩，這是英國《每日郵報》所做的一個報導：「這兩隻互相擁抱的大猩猩從小一起生活成長，但在三年前被分開了，三年之後牠們才再互相重聚，重聚之後大猩猩們會難掩激動之情，給彼此一個熱烈的擁抱，真是溫馨！」

圖3-1　兩隻互相擁抱的大猩猩。

大猩猩並非實驗動物，在藥物研究裡面或生物科技的藥物開發時，我們常用的其實是比大猩猩還要有靈性的黑猩猩。我們來假想這一個情境的議題：

馬克研究員正在研發一種治療阿茲海默症的新藥，如果成功的話可以解救千萬人的性命。在之前的章節裡，有一個有趣的議題是關於犧牲一個人來解救五個人，或犧牲五個人救一個人之道德兩難的問題。在這裡我們不是要犧牲人，而是要犧牲動物，只是馬克這個研究員他遇到的道德兩難問題是：他所研發的治療阿茲海默症的藥物如果成功的話可以拯救千萬人，但是它的過程需要五千隻黑猩猩。那麼對照上圖擁抱的大猩猩，你是否會贊成馬克研究員來進行這些實驗？

其實黑猩猩比大猩猩更接近於人，也比大猩猩還要聰明。目前在美國已經不核准以黑猩猩來進行藥物開發的實驗。黑猩猩在演化上比大猩猩更接近人類，人類跟黑猩猩的祖先大概是在五百萬到六百萬年前才分開的，也就是說在五百到六百萬年前，人類的祖先跟黑猩猩的祖先是同一種生物，我們與黑猩猩在基因的DNA序列上相似度可達98%。而大猩猩大概是在七百萬年前跟黑猩猩與人類的祖先具有相同的祖先，所以黑猩猩是比大猩猩又更靠近人類，一般而言，黑猩猩的智商大概接近於3到4歲的小孩子。

(一) 動物實驗的道德爭議一

藥物的發展需要動物實驗。藥物可以解救很多人，比如說抗生素，如果沒有抗生素的話，也許你被玫瑰花的刺刺了一下，或者被不乾淨的鐵器弄傷了，很可能會因為感染致病的細菌而傷亡，但是因為有抗生素這樣一個藥物的發展，我們可以解救很多人。所以藥物的發展對人類而言應是造福人群的科學研究，這應該沒有疑慮，但是如果藥物的發展需要動物實驗，比如我們剛剛情境的所描述的馬克研究員的實驗，為了救千萬人但是要犧牲五千隻黑猩猩。那麼你同不同意進行這樣的實驗呢？

就藥物研發可以增益人類生活健康、免去疾病之苦的效益而言，也許

我們會認為進行動物實驗好像是一種必要之惡。現在在美國雖不再利用黑猩猩進行藥物的發展而改用獼猴，為什麼是獼猴呢？在演化上面，獼猴大概是在兩千五百萬年前跟我們人類以及黑猩猩的祖先開始分家（圖3-2）。所以在演化上面我們認為獼猴離我們人類是比較遠的，那麼是不是因為這樣我們就可以拿獼猴（macaque）來進行實驗呢？

這是一個需要深思的問題。我們可以想像若有一群智能遠高於人類的外星生物，或新進演化而文明已超越人類的人工智慧機器，為增進「它們」社會的福祉而把人類進行其動物實驗，你是否贊成這樣的「必要之惡」之呢？

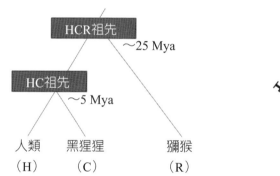

圖3-2　藥物的發展需要動物實驗。（左）人類和黑猩猩於5-6百萬年前有共同的祖先，和獼猴則於2500萬年是同一共祖。（右）藥物試驗中的獼猴。

(二) 動物實驗的道德爭議二

日本著名的生物學家福岡伸一，他在《生命是最精彩的推理小說》這一本書裡提到一句很有意思的話，原文如下：「Shin-Ichi, we have done. Are you ready？」這句話，福岡伸一所描述的情境其實是動物實驗。「We have done.」是指福岡伸一在美國哈佛大學做博士後，研究的時所發生的真實狀況。在他研究室樓下的實驗室，是哈佛大學醫學院著名的心臟醫學研究團隊，這個心臟研究團隊每天在解剖臺上解剖狗以收集心臟功能的資料，所以這個「we have done.」是指有一隻狗已經被解剖完畢了。

而「Are you ready？」則是指福岡伸一是否已準備齊全。福岡伸一說他就揹起裝滿冰塊的冰桶走下樓梯，剛摘下的胰臟仍有餘溫，這個胰臟是指一隻狗的胰臟，看起來像是一大塊粉紅色的鱈魚子。

福岡伸一為什麼要用狗的胰臟來做實驗呢？答案有點簡單，因為一隻狗的胰臟相當於數百隻的老鼠。這是動物實驗會面臨的第二個問題：如果是你的話，你會不會用狗取代老鼠來進行實驗？目前據統計，每一年用來做實驗的白老鼠大概有上千萬隻，但一隻狗好像就可以取代一百隻的老鼠，理論上可以減少老鼠的用量。但是大家都知道狗對人類來講是滿親近的動物，或稱之為毛小孩，那麼如果是你，你會不會用狗來取代老鼠進行實驗？而另外一個議題是，**如果研發狂犬病的疫苗需要狗進行疫苗測試，你是否贊成呢？**

二、從試管嬰兒到複製羊

在1978年7月的時候，英國的曼徹斯特誕生了第一位試管嬰兒，名字為露易絲。試管嬰兒這一人工生殖技術基本上是一種體外受精的過程。這個人工生殖技術能夠成功其實也經過了很多動物實驗，就如我們前面所提到的，通常臨床醫療的試驗在進入人體之前都會先利用動物實驗。體外授精簡稱叫IVF，即所謂的In Vitro Fertilization。最早的IVF試驗都是用兔子來進行的，雖然兔子並不需要進行試管兔子或者體外受精，但是有些不孕症的夫婦確實可以受惠於這樣的一個科學研究成果。IVF目前已是用來作為不孕症的一種治療方法，簡單的描述，就是取出女性的卵子和男性的精子，然後在子宮外進行受精，再把這個受精卵植入女性的子宮內，如果成功懷孕的話就可以像正當的一個懷孕過程，然後進行生產。所以基本上大家可以把IVF，所謂體外受精，當作是一個本來自然界可以完成但沒辦法完成，拜科技的進步之賜我們利用科學的方法，來完成這些自然界本來就會進行的事情。在1978年露易絲誕生成為第一位體外受精成功的試管嬰兒後，到目前為止應該有上百萬的試管嬰兒成功的誕生。1990年時全球大約有9.5萬名試管嬰兒，到2000年時則大增至近100萬名試管嬰兒，到了

2010年則有約300萬名試管嬰兒，如今（2016）試管嬰兒的人數已達600萬。在臺灣，目前每年約誕生5、6千名試管嬰兒。

如果你是露易絲的父母，你／妳會不會再生一個試管嬰兒？

先思考一下如果你是露易絲的父母，已經生了一個試管嬰兒，你／妳會不會再生一個試管嬰兒？

那實際的狀況是露易絲的父母再生了一個試管嬰兒。不曉得大家的決定是不是跟露易絲的父母一模一樣呢？

第一個成功完成試管嬰兒的科學家是Robert G. Edwards，他是在英國劍橋大學任職的生殖醫學家。大概有數百萬人因為這樣的技術才能成功地來到我們人世間，因為這一個偉大的貢獻，Edwards獲得2010年諾貝爾生理醫學獎。一樣是在英國，延續試管嬰兒的這個成果，IVF成功後近20年，愛丁堡大學又產生了一個更令人驚豔的生物科技成就：複製補乳動物。雖然複製動物這件事情在1970年代就已經成功了，但是那時候成功複製的是青蛙這種兩棲類的生物，複製哺乳動物比如說複製老鼠、複製猴子或複製牛，在1996年前從來沒有科學家成功過。1997年在英國愛丁堡大學羅斯林研究所（Roslin Institute）的Ian Wilmut和Keith Campbell，他們發表已成功的複製羊的研究成果。他們將這隻羊取名為桃莉（Dolly，於2003年死亡）。這是一件驚天動地的突破，因為這個技術我們也可以像複製植物或兩棲類一樣，複製有經濟價值的哺乳動物，也就是說可以利用人工生殖的技術進行動物的複製，而且是利用一隻成年哺乳動物的細胞，比如說桃莉羊是用其較早出生之「雙胞胎」的乳腺細胞，成功地複製出跟提供這個乳腺細胞「一模一樣」的羊，最少在DNA的序列上是一樣的。

我們來設想一下，複製補乳動物的技術稱為體細胞核轉移SNT（somatic cell nuclear transfer，人為哺乳動物），而利用SNT技術以可成功的複製出狗，牛，豬，甚至是已滅絕的哺乳動物如澳洲袋狼（Tasmanian wolf，但目前尚未成功），所以「複製人」就不是不可能。這個因複製補乳動物SNT新科技所衍生的議題是：是否可將SNT技術用於人呢？有兩項概念可以進行討論，1.IVF技術已成功的用於人類，為何不能用SNT技術來複製人呢？ 2.利用SNT技術進行複製人，進行器官移植的話，就可以沒有排斥的問題，比如說不用利用骨髓的配對，或等待器官捐贈等等就可以馬上移植，而如果是為了救人，是否可以利用哺乳動物的複製技術SNT來進行複製人？

生殖複製技術SNT和試管嬰兒生殖技術IVF最大的差異，在於實驗的成功率，IVF可以是、也只是模仿大自然原本就會進行發生的自然現象，只改變了不孕的現象。自然受孕的嬰兒畸形率約3.1%，而IVF產生的嬰兒畸形率則在3.3至3.4%，略有差距，但在統計上並無顯著之差，尚在可接受的範圍內。雖然目前的資料顯示，試管嬰兒出生體重會比一般胎兒略少大概100～200克，但不會影響整體健康，全球對試管嬰兒所進行的追蹤研究顯示，包括身體健康、社會適應等，至今39年，並沒有發現很大的問題，試管嬰兒長大成人就可以結婚生子，雖然不孕的比例比一般自然受孕的孩子高，但這可能是遺傳自上一代「不孕」的父母。然而SNT複製技術的成功率較低，以桃莉羊的實驗為例，其試驗了200個胚胎才成功一次，而如果如果複製人，「萬一」失敗了怎麼辦？

我的父母是誰？

以英國的克瑞恩（Gracie Crane）為例，她是第一個願意表達對自己身分無法釋懷與接受，以IVF技術所「生產」的試管嬰兒。她說：

「我多麼渴望我從未出生，你可能不知道一個人不知道自己親生父母是誰的那種感覺。」這是IVF技術所衍生的生殖倫理議題之一。克瑞恩血源上的父母透過IVF技術生子，然後將未植入的3枚冷凍胚胎捐出，其中一枚就「發育」為克瑞恩，儘管接受胚胎捐贈並產下克瑞恩的「法源上」父母，對她疼愛有加，但她始終覺得自己不屬於這個家：因為和父母長得不像。克瑞恩「出生」時，礙於英國法令的限制，無法讓試管嬰兒得知親生父母是誰，連家族都不可被告知，完全的「棄連結」。直到2005年，英國才著手修訂「人類受精與胚胎法」（Human Fertilisation and Embryology Act），才讓以IVF技術生產的試管嬰兒在成年後知道自己的「原生父母」是誰，甚至和他們見面。

在臺灣，當考慮試管嬰兒未來有可能發生近親結婚、收養等違反倫常，及《民法》「六親等內不得結婚」的規範的情形，於2007年衛生署開放人工生殖「親屬查詢」。不孕夫妻在進行IVF人工生殖前，可以進行查詢以確保受贈精（卵）不是來自直系血親、直系姻親或四親等內的旁系血親。目前在臺灣，人工生殖子女結婚前則可查詢另一半的親戚是否為捐精（卵）給他的父（母）親，以確保雙方符「六親等內不得結婚」的規範，而人工生殖子女被收養要確保與收養者符合「八親等內不得收養」的規範。

三、訂製一個嬰兒

生物科技在生殖相關技術上，另一個可能會引發道德爭議的問題，是關於幹細胞療法與訂製一個嬰兒，這個會造成衝擊的技術稱爲著床前基因檢測，著床前基因檢測技術結合了IVF，並對體外受精的胚胎進行遺傳基因檢測。如同第九章所述，以著床前基因檢測（圖3-3）可以用來預測，或說選擇未出生小孩的遺傳特徵。

爲什麼可以辦到呢？一顆受精卵在適當的培養條件下，在培養箱裡面

經過18個小時之後，這顆受精卵就會複製成兩個細胞，然後再經過18個小時，也是36個小時之後就會成為四顆的細胞，到了54小時後，大概兩天多到三天左右的時間就成為8顆的細胞所組成的胚胎。目前的科學實驗告訴我們每一顆細胞都可以發育成一個成功的個體，也可以在技術上將一顆細胞取出來進行單一細胞的基因檢測。這在想像上有技術的難度，但利用1983年所開發連鎖聚合酶反應PCR技術（polymerase chain reaction）：一個簡單但威力強大的生物科技。（在PCR這個技術出現之前是沒有辦法進行著床前基因檢測的。但是有了PCR，可以很簡略的講這是一個基因放大的技術，只要一顆細胞就可以進行裡面所有基因的檢測。）把早期胚胎的8顆細胞取出一顆，剩下的7顆仍然可以發展成個體。所以這裡就引發是不是會進行訂做一個嬰兒，這樣的一個科學性的倫理道德爭議，這樣的事件是不是真的發生了呢？沒錯，我們來舉一個發生在2003年到2004年的一個著床前基因檢測的例子。這件事情的主角也是出生在英國，哥哥叫查理，弟弟稱為傑米。傑米在2003年出生，基本上他可以說為了救查理而出生的。

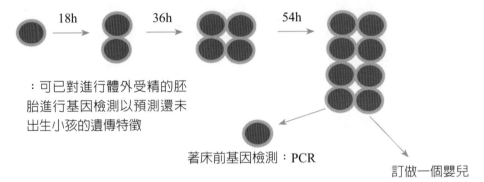

圖3-3　著床前基因檢測是意圖。

查理一出生的時候，就得到一種很嚴重的戴布二氏貧血症（Diamond-Blackfan anemia），一種罕見的先天性紅血球再生障礙型貧血。查理必須要常常的輸血，但是輸血會有一個後遺症，會造成腎臟跟肝臟功能的負擔。所以查理如果沒有進行骨髓移植的話，他在青春期之前就可能會死

亡，而且生活的品質也會很不好，所以查理的父母就希望能夠再生一個寶寶，以進行與骨髓移植類似的臍帶血幹細胞治療查理的貧血症。但是如果經過正常的受孕生一個寶寶的話，這個寶寶能夠移植幹細胞來解救查理的機會大概只有四分之一，查理的父母不想冒這個險，所以他們就跟英國的醫學倫理委員會提出申請，他們希望能以IVF生殖技術先製作胚胎，然後再進行著床前的基因檢測，也就是說當他們完成試管嬰兒體外受精的部分後，再將這些受精卵所分裂的細胞取出進行著床前的基因檢測，以訂製出適合移植給查理臍帶血幹細胞的胚胎。

　　這個因搶救查理而被挑中的胚胎生下來之後就是傑米，被訂做的傑米？他一出生，他的父母親就收集了他的臍帶血，因為他的臍帶血裡面符合可以解救查理的造血幹細胞大概有150 CC。查理在經過大概一個月左右的療程：先將查理體內的血液細胞白血球全部都用化學藥物全部殺死之後，接著把剛出生的傑米身上所攜有的臍帶血幹細胞，輸入到這個查理體內。到目前查理已經不需要再接受捐血，而且身體內也有成功的造血幹細胞，或說和傑米身上一樣健康的造血幹細胞。查理完全可以不用再接受捐血，他經由弟弟的訂做就可以克服或說治癒紅血球再生障礙型貧血症。但是這裡面就引發了一個明顯的道德爭議，傑米受訪問的時候，他自己講到他生下來並不是單純的，因為了他自己的出生是有另外的目的：有一部分是為了解救查理。

議題討論一

　　你會不會因為為了解救一個人來訂做嬰兒？討論這個議題，先假定你是查理的父母，你是否會進行著床前的基因檢測來「訂做式」的生下傑米？雖然大家已經看到這個結果其實應該是滿成功的。

　　拜先進生物科技之賜，幹細胞的研究會對醫療造成很大的改變，而我們將以這個議題為例，說明科學的進展是可以解決科學道德兩難困境

的問題。基本上幹細胞可以來自於胚胎，也可以來自於臍帶血或者是來自骨髓，幹細胞可以進行複製，複製的時候他只是一個一再重複的幹細胞，它並沒有特定的生理功能，但是幹細胞有一種潛能或潛力，它可以分化（differentiation），比如說分化成儲存能量的脂肪細胞，分化成傳導電訊號的神經細胞，分化成具免疫作用的白血球細胞，分化成輸送氧氣的紅血球，或分化成支持神經系統中的神經膠細胞等等。所以幹細胞如果能夠自體移植的話，除了解決了移植排斥的問題，如加上基因工程技術修補原來缺陷的基因，例如2017年唐獎得主所發展的CRISPR基因體編輯技術，那麼對於未來的醫療將具有深遠的影響。

於技術上如何得到胚胎幹細胞或如何得到臍帶血？從前面的例子我們知道需要從胚胎開始，才能夠得到幹細胞，所以如何避開IVF技術而取得胚胎呢？要如何獲取和自己一模一樣的胚胎幹細胞呢？這技術的發展與桃莉羊複製動物的技術是類似的，但只是在概念上，如上一章節所談桃莉羊是複製動物並沒牽涉到複製人的倫理議題，但如使用體細胞核轉移的SNT這個技術，問題就多且大。

首先，必須找到一個卵的捐贈者，進行SNT必須要有一個未受精的卵。獲得所提供的卵子之後，在實驗室裡面再從一個要複製的目標的細胞，比如說某一個人或者是生病的病人，取出細胞核，再把這個細胞核移到這個捐贈的卵子中，當然這之前要把這卵子裡面的細胞核移走。複製科技的「魔法」也許就在這一關鍵步驟：在卵子裡面，這個體細胞上的細胞核可以再重新程式化（reprogram），使得其基因可以再度的進行胚胎發育。

所以SNT這一複製羊的技術，除了在生殖醫學上的突破外，它也告訴我們一個很重要的生物學概念：一個成熟發育的細胞，比如說這時候你要複製或等待複製的這個人他已經發育完成了，那他其中的一個細胞核只要以SNT技術送到卵裡面，其實是可以從新程式化的，也就是說它的基因發育程式可以再重新設定回到胚胎的狀態。而桃莉羊的成功就驗證了這是可概念在理論上是可行的。

在2006年，日本京都大學的山中深彌教授（Yamanaka Shinya，圖3-4）發現了一個很重要方法，我們稱之為誘導多工幹細胞iPS技術（induced pluripotent stem cell）。iPS技術基本上可以避開卵子捐贈的問題，而且以iPS技術得到的幹細胞有機會發展所需的幹細胞。山中深彌教授發現並不需要使用SNT將整個核細胞核移轉到一個卵子裡面，而是跳躍式的理解到並勤奮的分析出只要送入四個因子，或確切的說四個基因，分別是Oct4，Sox2，cMyc跟Klf4這四個基因，一個已分化完全的體細胞就可以變成一個iPS幹細胞。目前這四個基因就稱為山中深彌因子（Yamanaka factors）。雖然目前iPS尚未成功的使用在治療貧血方面的疾病，如上節所描述的戴布二氏貧血症，但在老鼠的實驗上取得了很大的進展。

iCeMS Prof.
CiRA Director
Shinya Yamanaka

圖3-4　2012年的諾貝爾生理醫學獎得主山中深彌教授。

iPS目前已經可以成功的用來治療鐮刀型貧血症，2007年發表在科學雜誌（Science 2007; 318：1920-1923），由美國威斯康辛大學的一個團隊所完成的一個實驗，他們將一隻帶有人類鐮刀型貧血症的老鼠，從尾巴取出纖維母細胞，再將此纖維母細胞利用山中深彌所研究出來的方法，將修改後的山中深彌因子植入帶有人類貧血症的老鼠的纖維母細胞，先將這具有遺傳缺陷的纖維母細胞改造成iPS幹細胞，也就是說利

用此新技術即可「訂做」此基因有缺陷的老鼠的幹細胞，再以此幹細胞進行基因工程的改良實驗，修復壞掉的基因。

以此實驗例子而言，未修正前的iPS幹細胞裡，血紅蛋白基因的編碼為$h\beta s$即是鐮刀型貧血病的致病基因，以基因工程的技術就可以將其修改成$h\beta A$，以便於此iPS幹細胞於體內在分化成紅血球細胞時，產生出能夠正常攜帶氧氣的血紅蛋白。實驗的結果顯示將此iPS幹細胞修改後移植到此帶有鐮刀型貧血症的老鼠，就可以成功治療其貧血的症狀。

這是一個相當有趣的例子，科學的進展可以解決倫理道德的問題。明顯可見的是，有了iPS技術我們就可以不用再去發展複製人，或者是不用卵子的捐贈還是可以製得幹細胞。2014年時，日本神戶市的尖端醫療中心醫院，進行將iPS細胞分化成的視網膜細胞移植入人體內的手術，為全球開啟iPS細胞治療的首例。

議題討論二

iPS細胞的發現不但讓山中深彌教授獲得2012年的諾貝爾生理醫學獎，也讓我們體現科學的進展確實可以幫我們解決倫理道德上的一個爭議，然則CRISPR基因體編輯技術的引進似乎，又讓科學的突破塗上一層陰影。如果以IVF人工生殖技術，搭配CRISPR基因體編輯技術進行著床前基因修改，那麼未來是有可能進行「完美」人類的訂做的，將智慧的基因修改成與愛因斯坦的一樣，將外貌的基因修改成選美佳麗的基因版本，將奧運短跑選手的肌肉細胞植入選擇訂做的胚胎中，凡此種種，您是鼓勵發展這美麗新世界還是對這樣的科技充滿憂心呢？

課中思考議題與測驗

一、課中思考議題（請選擇您的答案並簡述理由）

1. 馬克研究員的困境

   馬克研究員正研發一種治療阿茲海默症的新藥，如果成功可以拯救千萬人的性命。實驗的過程需要5000隻黑猩猩進行實驗。如果你是馬克研究員，你會

   (1)熱烈進行此驗　(2)放棄此實驗

2. 你／妳是否會用狗來取代老鼠進行實驗？

   (1)會　(2)不會

3. 如果妳是露易絲的父母，你/妳會不會再生一個試管嬰兒？

   (1)會　(2)不會

4. 您贊不贊成進行著床前基因檢測？

   (1)贊成　(2)反對

5. 如果您是Charlie的父母，是否會進行著床前基因檢測並「訂做」式的生下Jamie？

   (1)會　(2)不會

6. 若為了救人，您是否會利用哺乳動物複製技術來進行複製人？

   (1)會　(2)不會

二、測驗題

(　　) 1.與人類最相近的動物為：(1) 大金剛　(2) 黑猩猩　(3)獼猴　(4) 狒狒

(　　) 2.試管嬰兒的技術開始成功用於人類生殖技術是肇始於：(1)1978　(2) 1997　(3)1953　(4) 1990

(　　) 3.試管嬰兒的技術之英文簡稱是：(1) PCR　(2) ELISA　(3) IVF　(4) MALDI-TOF

（　）4.可已對進行體外受精的胚胎進行基因檢測，以預測還未出生小孩的遺傳特徵的技術稱為：(1) 絨毛取樣　(2) 羊水分析　(3)著床前基因檢測　(4) 染色體核型分析

（　）5.可以分化為多種不同型式的細胞，以執行不同的生理功能之特殊細胞稱為：(1) 胖細胞　(2) 生殖細胞　(3)體細胞　(4) 幹細胞

（　）6.桃莉羊複製成功的技術稱為：(1) IVF　(2) SNT　(3) IPS　(4) PCR

（　）7.Oct4 (Pou5f1), Sox2, cMyc, and Klf4等四個基因可以將體細胞轉化為iPS細胞，此四個基因被稱為：(1) Yamanaka factors　(2) Watson-Crick factors　(3) Darwin factors　(4) Susumu factors

（　）8.生命的密碼是以幾個字為一個詞進行撰寫的：(1) 1　(2) 2　(3) 3　(4) 4

（　）9.最先以合成生物學的技術完成生命的合成之科學家為：(1) James Watson　(2) France Crick　(3) Karl Mullus　(4) Craig Venter

（　）10.構成生命密碼的化學分子一般簡稱為：(1) ABCD　(2) ATGC　(3) XYZU　(4) AJQK

第四章
科學家的戰爭與和平

前言、戰爭時的科學雙面刃

　　科學家於戰爭時,要如何發揮科學專才、報效國家上場殺敵?還是堅守道德原則,不讓戰爭玷汙科學的學術殿堂?我們可以先想一想,遇到戰爭的時候,如何利用道德的思考原則來進行思辨。道德抉擇的三元素,一般而言會根據信念、邏輯思考,以及行為的後果來進行所謂的道德抉擇。可以想像的是,科學家遇到戰爭的時候,他們的信念也許是愛國,也許出於救人的情操,他們在進行抉擇要不要把他們的科學知識應用在戰爭上,比如說發明武器殺敵、摧毀敵軍,不但使國家獲得勝利,同時可以快速地結束戰爭?但同時他也會遇到道德信念的問題:他的科學技術會被使用來殺人,甚至是大規模的殺人武器,平民甚至小孩嬰兒多有可能不能倖免,良心上的界線是否跨得過?

　　事實上,上述所提到的情節,在20世紀的兩次世界大戰都是實際發生過的人類悲劇。尤其在上個世紀物理科學重大的進展,化學工業技術的突破與科技的耀升導致了大量毀滅(mass destruction)武器開始出現,這樣極端的情況,使得科學家遇到戰爭的時候,道德兩難的議題變成揮之不去的噩夢。這兩次世界大戰也許讓這命題:「科學到底是善?還是科學也有它惡的一面?」像是希臘神話故事《潘朵拉的盒子》真實的呈現,當你把科學的真面目撥開之後,它會有善的一面但也不會少了惡的果,而科學的盒子裡面也藏光明的希望。

　　科學道德的抉擇裡,科學的知識本身是一個客觀的信念,是自然的定律或現象,科學的教育則可以強化我們進行邏輯的思考。但是在科技應用的時候,要注意的是所謂科學的進步,它的結果並不見得是好的,也就是

說這個行為後果也不見得是因為科技的進步它也就跟著進步。科學道德的抉擇通常不會發生在科學知識的追尋上面，因為科學知識的追尋上通常不會有道德方面的問題，但是在科學應用的時候，很可能不只是一個客觀的科學知識在進行抉擇，同時也會有一些人的信念，比如說愛國的信念或民族的情操，甚或要救我的家人脫離戰場，這可能會干擾你如何應用科學。

另外科學家要注意的是，當科學的應用並不一定是科學家在進行的時候，對這些科學或是科技應用的後果也是沒有辦法預測的。所以在科學的道德抉擇上面，尤其是在戰爭的時候，如何去利用科學知識會是一個很大的挑戰。我們會以兩個科學家來當作例子，一個是愛因斯坦，他代表的是物理學家，愛因斯坦推翻了牛頓的絕對時間物理架構，發展影響深遠的相對論時空物理理論；另外一個科學家是化學家哈伯，哈伯可以說是二十世紀最偉大的化學家，他對人類的貢獻影響相當的大。當這兩位科學家遇上戰爭的時候，他們的抉擇是什麼呢？以及社會對他們兩個在遇上戰爭上面的評價又是如何？這是我們這一章節要跟大家探討的主題。

一、糧食危機與化學武器：哈伯的悲劇

在科學家遇上戰爭這個議題裡，被探討最多的應該是哈伯的悲劇。哈伯是二十世紀最有影響力的科學家，在二十世紀初的1900年到1910年，人類首度面臨了一個很大的問題，工業革命後造成人口急速的膨脹，大家都可以感受到人口爆炸的壓力，例如那時馬爾薩斯提出的的人口論究，探討這個因工業革命所引發的新問題——糧食不足的問題。在那個時代裡面，糧食的耕作都需要肥料，肥料的主要來源是阿摩尼亞（氨），且自然界的存量有限，但是當人口爆炸之後如果無法人工製造氨的方法出現的話，人口的膨脹壓力會造成很多人因為飢餓而死亡。所幸，在1910年代哈伯成功的研究出製氨的化學方法，解決了因人口成長所導致的糧食危機。

圖4-1顯示在1910年左右世界大概有10億的人口數，但是到2000年的時候人口已經接近了60億的大關，在2013年時地球上的人口已經達到了70億，預測在2050年的時候人口可能會達到90億甚至超過百億。

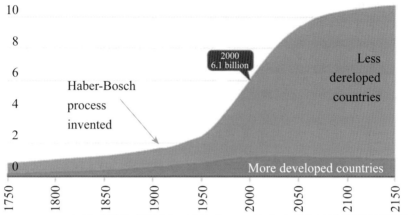

Population (in billions)

Haber-Bosch
process
invented

2000
6.1 billion

Less
dereloped
countries

More developed countries

圖4-1　1750-2150人口成長的趨勢圖，哈伯在1910年左右發展出製造肥料氨的化學製程。

面對人口的壓力我們需要糧食，糧食作物的耕種需要大量的肥料氨或稱阿摩尼亞。哈伯法製氨初看並不困難，氮氣（空氣中80%都是氮氣）再加上三個分子的氫氣就可以形成氨（NH_3），如圖4-2所示。

$$N_2 + 3H_2 = 2NH_3$$

圖4-2　氮和氫反應生成氨。

這個看似平凡但重要的化學反應所面臨的科學挑戰是，地球環境下的氮氣是相當穩定的，所以必須要有很高超的化學知識，對化學的反應動力學必須相當的清楚，才有辦法把很穩定的氮氣跟氫氣混合然後製造出氨。哈伯在1910年代的方法，是在高溫高壓下以白金（或稱鉑）作為催化劑，把氫氣跟氮氣轉變成阿摩尼亞，並在其同事Bosh的共同合作下完成工業化的生產製程。目前全世界每一年大概要生產5億噸的氨，而且大概一年裡面全世界約有1%的電力都是用在哈伯法製氨的生產用途上（Science 297 (1654), Sep 2002）。為什麼要花這麼大的力氣來製造氨氣呢？資料顯示如果沒有哈伯法製氨的話，根據2004年Fryzuk在*Nature*的報導顯示：「大概有40%的人口都會因為挨餓而死亡或陷於飢荒，以目前70

億的人口數推估大概有20到30億的人口，如果沒有哈伯法的話，將會處在飢荒的狀態。」所以哈伯被譽為二十世紀影響人類最大的科學家實不為過，他也因為哈伯法製氨在1918年獲得了諾貝爾化學獎。

不可預料的是，哈伯的傑出科學才能卻也是近代科學倫理問題的濫觴。猶如在倫理基礎之邏輯三段式論證所強調「當在判斷倫理之邏輯的真偽時必須考慮到前提是否為真」的議題，前提包含了文化背景，社會結構，教育或歷史等複雜的因素，而哈伯則是一個很鮮明很值得討論的例子。

哈伯所處的時代為第一次世界大戰爆發的年代，他是一個深受愛國主義影響的猶太人。他是在德國俾斯麥時代成長的一個科學家，這樣的社會氛圍想成其他愛國的絕對情操，在這樣的一個前提下，影響的或許是主宰他的倫理道德判斷，愛國的哈伯想以科學的能力報效國家，因此他做了一件讓一般科學家，甚或非科學家深感不解的事——哈伯是歷史上第一個成功有效使用工業規模生產化學武器並親臨戰線的科學家。

在那哈伯投入化學武器之前，所有的化學武器都只是小規模的，甚至是只會傷害自己的國家軍隊的非重創型戰爭工具。因為早期所使用的化學武器，比如說溴，溴在目前大概是用在催淚彈或是催淚瓦斯但不會造成很大的傷亡。但哈伯把氯氣這個有著一縷綠絲的氣體成功大量製造之後，才正示開啟了人類化學戰的噩夢，在槍砲彈藥之外，多新增一種戰場上的致命武器。

第一次的化學戰是在比利時的邊境進行的，哈伯利用氯在第一次世界大戰時成功的殺死好幾千個人，而且有一些戰士即使沒有在戰場上死掉，也造成身體很大的傷害與深沉的恐懼陰影。整個一次世界大戰超過七千萬人死亡，哈伯很可能要佔一個很大的罪名，因為除了成功使用化學武器外，他的哈伯法可以製氨，雖然解決了糧食作物栽種的問題，但是大家不要忘了氨也是製造炸藥重要的組成，所以哈伯雖然他成功的讓很多人免於挨餓，但是他也讓德國在一次世界大戰時可以製造更多的炸藥，延長第一次大戰的時間。

哈伯在愛國心的驅使下，原本想要以科學報效國家並提早結束戰爭，但後來並沒有因為他的科學知識讓戰爭提早結束，反而延長了戰爭的進行死了更多的人。然而誤用科學知識的悲劇並沒有因的一次世界大戰而結束，反而一直持續著，即使進到21世紀化武的威脅始終未曾吹散過。更令人想不到的悲劇是哈伯本身是猶太人，在第二次世界大戰的時候納粹的集中營裡，毒氣殺死了將近六百多萬的猶太人，也就是哈伯的同胞，而所使用的毒氣Zyklon B，其實是哈伯在一戰的時候進行開發的化學武器。更有甚者，他的太太也因為反對哈伯進行化學武器的研發，而跟他產生激烈的爭吵並因此自殺生亡，哈伯本身是一個悲劇的科學家。

(一) 當科學遇上戰爭的道德爭議一

1. 根據哈伯的例子來思考下述的問題：如果你是化學家，在技術研究上有重大的發現及突破解救了很多人，但這研究同時也會生產了一個致命的毒氣，如果這些毒氣遭到誤用的時候，後果是不堪設想的。所以你會繼續你的科學研究嗎？

如回答：會。為什麼呢？

因為我們認為科學的研究是在窮理致知，善用或濫用並不是科學家所能管束的，所以會繼續進行研究，科學研究追求的是真理而非道德。

如回答：不會。為什麼呢？

因為探索未知的領域固然是研究者的興趣，但是我們從哈伯的例子可以看到，利用科學研究的成果並非是科學家所能結定的，濫用的結果會造成人類的災難，所以你很可能就不會繼續進行這樣的研究。

我們這裡提供另外一個想法，可以繼續研究，但是要能夠盡到科學家的道德義務跟倫理責任，所以只發表一個正面的效益。也就是說要有一個倫理的責任，會製造對人類有益的化學物質，比如說阿摩尼亞它可以做很好的肥料，但是不會去發展像Zyklon B，也不會或不該以特殊電解食鹽水的方法來製造氯氣，產生一個化學武器來危害更多的人，屠殺更多的人類。所以當科學遇上戰爭，可以讓我們看到一個道德兩難的鮮明例子：

「科學有它的善，可以照福人群，雖然濫用的時候科學它會是一個很大的惡。」

2. 如果你是哈伯的話，會不會為德國研發毒氣？

這裡要注意到哈伯的背景，前面提過哈伯他本身是生長在俾斯麥所領導下的德國，那個時候是一個民粹主義，是一個愛國主義的時代。所以大家要思考的是，你是哈伯，你要假想在那樣的一個環境下成長、受教育，那麼你會不會為德國研發毒氣？

有可能答案是會，因為這將是加速結束戰爭的好方法，而且哈伯認為德國一定會打勝仗，可以貫徹哈伯他自己的愛國信念。另外哈伯也有可能會這樣想：「為祖國而戰會讓他的科學研究更加精進。」確實如此！資料顯示，因為哈伯幫助德國在前線打了很多次勝利的戰爭，後來他也被委派為威廉大帝研究所的所長，而且得到更多的經費，讓他可以做出更好的研究。但是如果我們從另外一個角度思考，身為一個科學家不應該將科學知識用在殺人上，不應該做出這種違背道德良知的事情。

後來有一位親近哈伯的科學家是這樣子描述哈伯的，他認為哈伯的科學天分有多高，道德就有多惡劣。所以德國的軍方很喜歡哈伯，因為他們認為哈伯他的道德感比較薄弱。

文化的薰陶，道德的思辨，會影響到你當一個好的科學家，哈伯如果能夠進行倫理道德的思辨，也許就不會去幫德國研發毒氣，因為會考慮到周邊的人。如康德所說的「不以人為目的」，就可以避免，比如說他太太的悲劇、屠殺自己民族的罪狀，與日後反對跟指責的聲浪。只可惜哈伯並沒有思考到這一些，甚至他的太太跟他吵架的時候，他還是認為他必須去執行愛國的任務，也就是研發更有效率的一個毒氣。

3. 哈伯在1918年獲頒諾貝爾化學獎，他得獎的原因是哈伯法製氨幫助人類解決人口爆炸的糧食危機。但哈伯在1918年獲頒諾貝爾化學獎確實有很多反對的聲音，因為1918年第一次世界大戰剛剛結束德國戰敗，哈伯本身是一個戰犯，那時候諾貝爾獎有一些爭議，該不該頒諾貝爾獎給哈伯？後來大家還是覺得因為哈伯法製氨促成農作物

肥料，以及火藥的製造有極大的突破，所以不應該因爲他是一個戰犯而不頒給他諾貝爾獎。

4. 這裡的另外一個思考是：如果你是諾貝爾獎委員會的話（我們從前面得知哈伯參加很多毒氣的生產、毒氣的研發，那麼你還會不會把諾貝爾獎頒給哈伯呢？

第一個，應該。我們會認爲他在科學上既然有重大的突破，而且是有目共睹，解決人類的糧食問題不應該把科學以及政治聯想在一起。

這個論點認爲還是要頒諾貝爾獎給哈伯。但也許有些人會認爲不應該頒諾貝爾獎給哈伯因爲哈伯受到德國政府的委託發展毒氣，助紂爲虐，諾貝爾獎不應該獎勵極端的民族主義。

所以這個也有不同的聲音，雖然我們剛剛看到，諾貝爾獎委員會還是在一九一八年的時候，頒發諾貝爾化學獎給哈伯，也許有人會說哈伯的貢獻解決了迫在眉睫的糧食危機，所以可以平息德國將毒氣用在戰爭所引發的一個種種爭議。

這是那時候諾貝爾獎委員會可能都會考慮到的一個問題。另外一點，也有人認爲不應該頒諾貝爾獎給哈伯，因爲一個人的道德永遠比才幹還要重要。

(二) 當科學遇上戰爭的道德爭議二：哈伯和考賽爾的反差

DNA的研究起源於19世紀末，德國組織學家，霍柏‧席勒（Felix Hoppe-Seyler）的實驗室。DNA是1869年由25歲的瑞士醫生米歇爾（Friedrich Miescher），首先於病人的膿細胞中發現的，米歇爾把它稱爲「核質」（nuclein），即後來的DNA。但眞正將核質中的核苷（nucleotide）與鹼基（base）之化學結構，如腺嘌呤（Adenine，縮寫A）、胞嘧啶（Cytosine, C）、鳥糞嘌呤（Guanine, G）、胸腺嘧啶（Thymine, T）與尿嘧啶（Uracil, U）等分析清楚的，則是一樣受教於霍柏‧席勒實驗室的考賽爾（Albrecht Kossel），考賽爾也因此重要的發現和在蛋白質化學上的貢獻，獲頒1910年的諾貝爾生理或醫學獎。

考賽爾（1853-1927）　　哈伯（1868-1934）

圖4-3　哈伯與考賽爾。

　　考賽爾和哈伯的反差是，當考賽爾擔任海德堡大學生理學研究所主任時，在一次世界大戰中，曾被德國政府要求籲請民眾安靜，解釋所領之配給食物是營養充足的。但考賽爾並不像哈伯是愛國主義者，拒絕了這項請求，他說：他隨時可以提槍上前線，但絕不把謊言說成眞理。

二、愛因斯坦和海森堡的戰爭

　　在科學家的戰爭與和平這個單元裡面，另一個重要的例子是愛因斯坦與海森堡的戰爭。愛因斯坦跟海森堡他們其實都是德國人，但是也可以將愛因斯坦視爲代表美國的一方，而海森堡代表的是德國的一方。這兩位大科學家，當他們遇到戰爭的時候，是不是都要愛護自己的國家？那豈不是變成科學家跟科學家的戰爭！當這兩位大物理學家他們遇到戰爭的時候，他們的做法是否會有不同？

　　愛因斯坦跟海森堡，他們兩位其實都是德國人，雖然愛因斯坦是猶太人，而海森堡是日耳曼人。愛因斯坦在1905年發表三篇深具物理革命的論文：論動體的動電力學狹義相對論與質能互換公式[1]、關於光的產生和

---

[1]　A. Einstein. Zur Elektrodynamik bewegter Körper (PDF). Annalen der Physik. 1905, 322 (10): 891-921.

轉化的一個啓發性觀點（即光電效應的量子解釋）[2]以及布朗運動的熱力學解釋[3]。

在愛因斯坦震憾物理的那一年，海森堡才4歲。愛因斯坦跟海森堡這兩位物理學家彼此好像有心結，互不相欣賞，而且很妙的是，他們在二次世界大戰的時候都捲入了大戰：愛因斯坦代表美國的這方，而海森堡代表德國納粹黨的這方。他們遇到戰爭的時候，他們是如何進行「物理學」的戰爭呢？

先來說明愛因斯坦的質能互換公式：$E = MC^2$，E能量等於質量M乘上光速C的平方。光速C大概一秒鐘可以前進30萬公里，所以C平方是一相當相當大的數字，如果單位是用每秒多少公尺來表示光速的話，那這個平方的值可以達到是89，875，517，873，681，800，是一個17位數，所以$E = MC^2$告訴我們，只要有一點點的質量，就可以轉換成相當大的能量。

$E = MC^2$是愛因斯坦在1905年所提出的一個質能互換公式，可以說是世界上最著名的公式，目前最有名的物理學家Steven Hawking在他那本宇宙的時間簡史裡，唯一剩下的公式就是$E = MC^2$。有一個笑話是：當初出版商跟Hawking說只要你每增加一個公式，你就會流失百分之十的讀者。所以霍金在那本時間簡史裡面唯一剩下的公式，就是$E = MC^2$這個愛因斯坦的質能互換公式。

義大利籍的偉大物理學家費米，在芝加哥大學的網球場地下室進行第一次的質能互換實驗，發展出了原子堆，或者稱做原子派，那也是第一次人工可控制的核能反應，而且是人類可以操控的一個核融合核反應。當費米在1940年初成功的產生核分裂並依$E = MC^2$釋放出能量時，他在這個

---

[2] A. Einstein. Über einen die Erzeugung und Verwandlung des Lichtes betreffenden heuristischen Gesichtspunkt. Annalen der Physik. 1905, 322 (6): 132-148.

[3] A. Einstein. Über die von der molekula rkinetischen Theorie der Wärme geforderte Bewegung von in ruhenden Flüssigkeiten suspendierten Teilchen. Annalen der Physik. 1905, 322 (8): 549-560.

紀念碑裡面刻畫了一段文字，就是說：「這是人類第一次使用非來自太陽的能量。」它完全是根據愛因斯坦的 $E = MC^2$ 所設計出來的反應器，這個反應器讓核子在可以控制的狀態下進行分裂就可以釋放出相當相當大的能量。義大利籍的費米，當初他爲了躲避納粹追殺（因爲費米的太太是猶太人），所以他們就利用領取諾貝爾獎的機會偷渡到美國，在美國的芝加哥大學成功發展核能，目前我們的核電廠，基本上就是根據費米當初的設計再改良而成的。

但核能也可以是可怕的殺人的武器，在二次世界大戰的時候大家就目睹了 $E = MC^2$ 釋放出能量後所造成的死傷，人類第一次有了大規模破壞和殺人的武器。事情的發展是這樣展開的，物理學家吉拉德（Leo Seizalard）有一天在等紅綠燈的時候，他忽然想到，若讓中子慢下來，然後產生一個連鎖反應的話，也許就可以設計出核反應器產生巨大的能量。

傳聞那時倫敦的天空，吉拉德看到的景象就像是世界末日一般。他認爲德國有最棒的物理學家 —— 海森堡，而且他覺得德國納粹已經開始在發展核子武器（Nuclear Weapons），吉拉德當下覺得應該告訴愛因斯坦這事情的嚴重性，並遊說愛因斯坦寫一封信告知當時的美國總統羅斯福：「德國已經在發展核子武器，尤其量子力學的創建者海森堡沒有離開德國，海森堡也和哈伯一樣相當愛護他的國家並認爲德國會打勝仗，海森堡有可能會爲納粹發展原子彈。」愛因斯坦接受了吉拉德的建議，就寫了一封影響相當深遠的信給羅斯福總統，幾經波折，這封信也就導致羅斯福命令格羅夫將軍（那時候他只是一個美國陸軍上校，後來因爲這個計畫非常的成功，他就變成格羅夫將軍）進行原子彈的建構計畫，那時候戰爭正如火如荼的進行，製造原子彈是一項絕對的機密。

羅斯福總統也決定不能讓敵對的德國、日本知道，甚至對於那時候的盟友蘇聯也必須保密，在政府官員中只有總統跟陸軍的部長等人了解此事，即使是那時候擔任副總統杜魯門都被蒙在鼓裡。有趣的是，下令第一顆原子彈要投在日本的卻是杜魯門所做的決定，而不是羅斯福，因爲羅斯福那時候已經過世了，而杜魯門剛好接任總統。因此發展原子彈的時候杜

魯門是被蒙在鼓裡，他並不知道這件事情。

　　格羅夫將軍是一個軍人，並非科學家或工程師，所以他就找了那時候在加州伯克利大學物理系任職的奧本海默，來擔任這個計畫的主持人。奧本海默即是目前我們所稱的原子彈之父，他就在新墨西哥的Rossaimurson開始他的曼哈頓計畫。曼哈頓計畫相當相當的成功，在短短兩年不到的時間裡就完成原子彈的製造並完成試爆。

　　1945年的8月9號原子彈就投在日本的廣島，第一次在日本完成原子彈的投擲後，科學家就發現他們第一次創造出一個具大量毀滅性的武器，當這一顆名為「小胖子」的原子彈投擲在廣島後，大概有20萬人陸陸續續因為這個原子彈而死掉，世人也因為這個原子彈才正視到，原來科學是一個可以變得這麼可怕的活動。

　　在這之前，一般都認為科學是幫助人類文明進展的最佳推手，但是這一件事情給我們一個很大的省思：科學是有可能相當邪惡的！奧本海默在見到原子彈於廣島跟長崎造成的毀滅性破壞後，他說過一句很有名的話：「我成了死神，世界毀滅的元凶。」

㈠ 當科學遇上戰爭的道德爭議三

議題討論1

　　假設你是科學家你是否會參與武器的研發工作？

　　首先大家來討論一下，如果你是科學家，你是否會參與武器的研發工作？若有兩個選項：第一是我要保護我的國家，所以我會參與武器的研發工作，但是大家不要忘了，武器是會殺人的。第二個回答是不會，為什麼呢？因為我們在上個單元裡面所提到得哈伯，他就是一個不幸的例子。

　　如果你是奧本海默，你會不會進行原子彈的製造以結束戰爭？或者你不會進行原子彈的製造？

　　如回答：會，可能的理由是，日本的確是在原子彈的二次投擲後才投降並結束第二次世界大戰，物理學家惠勒（John Wheeler）更直言，如果原子彈更早完成，她的胞弟也許就不會死在歐洲戰場了。如回答不會，可能的理由是，奧本海默一開始並不曉得原子彈會有這麼大的毀滅性，但當他看到了廣島跟長崎的結果，他說他已經成了毀滅世界的元凶。所以這裡可以思考的問題是，你會不會進行原子彈的製造？我們會用效用主義來進行倫理道德的判斷，但這結果是否是正確的判斷呢？

　　如果你是海森堡，你會不會進行原子彈的製造以結束戰爭？或者你並不會進行原子彈的製造？

　　哈伯和海森堡和愛因斯坦和奧本海默，是一歷史「偶然」造成的有趣例子，就如同我們前面所提的，奧本海默他代表的是美國的一方，也就是跟愛因斯坦是同一個陣線。愛因斯坦本身是一位和平主義者，雖然他提供了製造原子彈的公式$E = MC^2$，但是愛因斯坦並沒有參與任何原子彈的製造；奧本海默他是一個相當有能力的科學家，他在美國的曼哈頓計畫領導整個原子彈製造，我們姑且以此政營為正義的一方。

　　海森堡他所代表的又是另外一方，以我們的立場來看，海森堡他所在的國家納粹德國是邪惡的一方，如果你是一個科學家，如海森堡，你在一個邪惡的帝國裡面，你會不會幫助邪惡的帝國去製造武器，來幫助這個邪惡帝國盡快的統治世界？所以如果你是海森堡的話，你會不會進行原子彈的製造來結束戰爭？但這個結束戰爭是指你要去統治世界，而且是幫助邪惡的納粹。也有可能你不會進行原子彈的製造，希望能夠讓人類的文明能夠繼續，不然的話整個地球會被納粹給統治。

根據歷史上的記載，海森堡確實參與了德國原子彈的製造計畫，但是那時候他認為原子彈可能不會那麼快製造出來，而且不會影響到戰爭，所以海森堡他並沒有很積極的去進行原子彈的研發。

　　可再思考的一個問題是：如果你是奧本海默。他在晚年的時候後悔他參與曼哈頓計畫，但假設奧本海默已經知道海森堡已經做出原子彈的話，那麼會不會進行原子彈的製造以進行對抗？或即使已經知道海森堡已經做出原子彈了，仍然不會進行原子彈的製造？

課中思考議題與測驗

一、課中思考議題（請選擇您的答案並簡述理由）

1. 化學家哈伯（Fritz Haber）在合成氨（阿摩尼亞）的技術研究上有重大的發現及突破，然而他的研究一方面可以解決農作物肥料短缺的危機，一方面也可能產生致命的毒氣，若遭誤用，後果不堪設想。假如是你，你會繼續這個研究嗎？

   (1)會，科研在乎窮理致知，善用或濫用不是科學家所能管束的

   (2)不會，探索未知領域固然是研究者的興趣，但已知將造成人為災難的可怕後果，寧願捨棄、另闢新領域

   (3)會，但為盡科學家的道德義務與倫理責任，只發表正面的效益、避免毒氣相關資訊的外洩

   (4)其他

2. 你若是哈伯，你會為德國研發毒氣嗎？

   (1)會，這將是加速結束戰爭的好方法，貫徹我愛國的信念

   (2)會，這將會讓我的科學研究更加精進

   (3)不會，身為一位科學家，應有認知科學不該應用在殺人

   (4)不會，考慮周邊的、日後的反對與指責聲浪，不值得

   (5)其他

3. 第二次世界大戰發生於1914年至1918年，諾貝爾獎委員會於1918年頒贈化學獎給哈伯，表彰他在合成氨（阿摩尼亞）的技術研究，該項研究成果促成農作物肥料、與火藥的製造上極大的突破。你覺得諾貝爾獎委員會，該頒諾貝爾獎給哈伯嗎？

　　⑴應該　　⑵不應該

4. 如果你是科學家，你是否會參與武器的研發工作？

　　⑴會，保護我的國家

　　⑵不會，哈伯就一個不幸的例子

5. 如果你是奧本海默，得知海森堡已造出原子彈，你的選擇是：

　　⑴會進行原子彈的製造，以結束戰爭

　　⑵不會進行原子彈的製造

二、測驗題

（　　）1. 20世紀對人類農業與糧食影響最大的化學家是：⑴ 費雪　⑵ 居禮　⑶ 哈伯　⑷ 勞厄

（　　）2. 20世紀對人類農業與糧食影響最大的化學肥料是：⑴ 氨　⑵ 鐵　⑶ 鎳　⑷ 氫

（　　）3. 愛因斯坦的質能互換公式$E = mc^2$中的C是指：⑴ 聲速　⑵ 光速　⑶ 質量　⑷ 中子數

（　　）4. 人類第一次使用非來自太陽的能量為：⑴ 熱能　⑵ 水力發電　⑶ 核能　⑷ 磁能

（　　）5. 第一位設計出可控制質能互換之能量生產的科學家是：⑴ 費米　⑵ 泰勒　⑶ 吉拉德　⑷ 波爾

（　　）6. 提議愛因斯坦寫信致函羅斯福總統的科學家是：⑴ 維格納　⑵ 泰勒　⑶ 吉拉德　⑷ 馮紐曼

（　　）7. 領導曼哈頓計畫的科學家為：⑴ 費米　⑵ 泰勒　⑶ 吉拉德　⑷ 奧本海默

（　　）　8.二戰時最有可能領導德國發展出原子彈的物理學家是：(1) 海森堡　(2) 普朗克　(3) 波恩　(4) 索莫非

（　　）　9.第一個為原子彈攻擊的城市：(1) 京都　(2) 東京　(3) 廣島　(4) 小倉

（　　）　10.第一個被製成原子彈的元素為：(1) 鈾　(2) 鉛　(3) 氫　(4) 氯

第五章
科學研究與道德效用論
當瘟疫蔓延時

一、科學研究與道德效用論

　　我們將科學研究與道德效用論這個主題聚焦在當瘟疫蔓延的時候，並討論疾病的研究跟倫理之間的關聯。疾病可能是自然發生，但是也有可能是人為的，當疾病蔓延的時候，社會大眾最好能夠清楚疾病的成因以及傳播的方式，這是人類經歷多次瘟疫所得到的寶貴經驗。疾病的病因，例如是病毒引起的還是細菌引起的，或是環境造成的，這需要科學的研究。要了解疾病傳播的方式，比如說瘧疾會靠蚊子來傳播，感冒病毒則是透過人跟人之間就會傳播，是空氣傳染的疾病，但癌症通常是不會傳染的。當你要了解不同疾病的傳播機制，這也是要進行科學的研究。

　　在了解這些疾病傳播或者疾病成因的過程中，我們常會想到的是科學的效用主義，比如說利用了解這個疾病的成因，就可以研究出消滅這個疾病病源的藥物，這可能是科學效用論最基本的運用。但是在研究的過程中有可能會造成一些意外，所謂的意外可能是在實驗室裡面的病毒突然逃離了你的實驗室，而造成感染，但是這個病毒如果沒有在你的實驗室大量繁殖的話，也許就沒有機會逃離你的實驗室感染社會上其他的人。所以在了解疾病的過程中，也有可能也會造成疾病的蔓延，科學研究的出發點原本是為了解決問題造福人群，但在研究傳染性疾病時，則可能會有讓疫情失控的風險，也就是說在進行科學研究的時候，如何產生最大效用的是有疑慮的。這一個章節裡我們就利用天花、在2003年出現的SARS冠狀病毒、造成很多人死亡的流感病毒，跟在2014年突然產生超大流行的伊波拉病毒出血熱進行探討，當瘟疫蔓延時會遇到的倫理的爭議或倫理的議題。

二、天花病毒消失了？

　　天花病毒是人類第一個完全在地球上消滅讓我們免於威脅的病毒，是人類公共衛生的一大勝利。天花病毒一般我們稱作small pox，但是天花病毒和其他的病毒相較一點都不小，是一個相當複雜而且大的DNA病毒。這裡所謂的大並不是指天花病毒的顆粒大小，而是指它的基因體，基本上是基因體相當大的一種病毒，它的基因體裡面約含有將近18萬6千個鹼基對，攜帶有187個基因，天花病毒所擁有的基因數目遠大於流感病毒的8個基因。

　　在歷史上天花病毒是危害人類相當大的一個病毒，除了造成高致命死亡率以外，在我們身上即使沒有因為感染天花病毒而致死，也會因為在身上留下來的斑痕，而造成很大的一個心理的創傷（圖5-1）。天花病毒從古至今是一個相當可怕的殺手。歷史和流行病學的證據都顯示，南亞的印度或孟加拉都是許多天花病毒株的溫床，尤其是一些感染後會造成出血的天花病毒，較一般的天花病毒所造成的死亡率來得高。在歐洲或者是北非出現的天花病毒通常就是比較低致命性，所以這一類的天花病毒有時候也稱作類天花病毒。天花病毒由於在歷史中持續出現，而且持續殺了很多人，尤其是很多小孩子，所以在許多的傳統社會裡面，以往父母都會等到自己的孩子已經確定得了天花，並且存活後才會為孩子來取名。

圖5-1　感染天花病毒的孟加拉小孩。（資料來源：維基百科）

那麼天花病毒為什麼是人類第一個消滅的病毒呢？

最主要的原因是天花病毒只會感染人類，不會感染老鼠，感染豬或雞鴨牛羊，所以天花病毒可以說是演化的相當極致的病毒，它只選擇人類當它的宿主，這讓公共衛生有了很有力的著力點。基本上只要我們能消滅人類之間傳播的天花病毒，就可以徹底免除它的威脅，那科學上是如何消滅天花病毒的流行呢？這在醫療史上也是一個很大的成就與突破。

天花病毒是人類第一次發展成功的疫苗，疫苗這一神奇的醫學工具，是免疫醫學研究的起點，抵禦天花病毒的疫苗我們稱作牛痘疫苗，是由1797年英國的醫生詹納所發現的。基本上牛痘病毒我們稱作vaccinia，因此接種牛痘就稱作vaccination，所以目前我們就把疫苗我們稱作vaccine。在1797年詹納他發明接種牛痘之後，我們開始漸漸可以預防天花，尤其是到20世紀醫藥衛生進步以後大量進行牛痘疫苗的接種（圖5-2），最晚出現天花病毒的地方是在非洲的索馬利亞，在1977年之後我們終於完全可以免除天花病毒的一個威脅，地球上已經沒有天花病毒的蹤跡在我們的社群裡面。

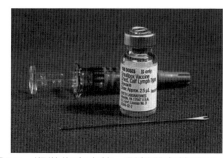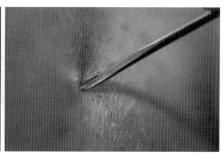

圖5-2　瓶裝牛痘疫苗、稀釋器與接種叉（圖左）。接種牛痘疫苗之情形（圖右）。
　　　　（資料來源：維基百科）

消滅天花是世界醫藥衛生一個相當大的成就，但是目前在美國跟蘇俄仍然保有具傳染性，而且是會造成出血性致命的天花病毒。美國跟蘇聯皆宣稱他們為什麼要保有這兩株天花病毒，基本的原因是為了進一步了解天花病毒致病的機轉。了解這個天花病毒，因為它會造成很大的威脅，所以

我們要研究它，但是有一個問題是目前我們已經利用疫苗已經消滅天花了，這裡其實也可以看到一個科學效用性的議題存在：那這時候是不是還要冒險去繼續研究天花病毒？如果實驗室感染豈不是會造成重大的公共衛生威脅？我們姑且不去討論，美國跟蘇聯有可能會把天花病毒拿來當作生化武器的這種可能性，因為從哈伯的例子裡，我們清楚的知道這是科學之惡。但是就科學研究本身，我們的兩難在於這個病已經不存在了，那麼在實驗室裡面，是否仍然需要保有這樣的一個病毒？

議題討論1

你是否贊成保存天花病毒？

雖然天花病毒相當的危險，但我們為了科學的研究效用，繼續保存天花病毒。因為我們認為為了更進一步了解天花，所以應該繼續保有這樣天花病毒的品系，讓科學能夠進一步的進展天花病毒的某一些奧秘。比如說天花病毒為什麼會造成我們整個免疫系統崩潰，或者造成我們表皮產生那麼多的結痂等也許可以做進一步的了解。

或者我們不應該保存天花病毒，因為天花病毒已經在我們人類的社會裡面絕跡了，這麼危險的東西我們不應該再保留。也許有一天它逃離實驗室，或者有人圖謀不軌的時候，又會造成大流行，既然現在已經不會在我們人類社會裡面流竄的話，那麼就應該徹底把它銷毀。

三、SARS冠狀病毒的旋風

前一章節跟大家介紹的是比較古老的天花病毒，接著我們來看一下2003年曾經在臺灣造成流行的另一種疾病，SARS（Severe Acute Respiratory Syndrome），即所謂的嚴重急性的呼吸系統症候群。造成嚴重呼吸症候群的病因其實是一種冠狀病毒，一般而言冠狀病毒對人類並不會造成特殊的嚴重的疾病，但是在2003年所流行的冠狀病毒（目前稱作

SARS冠狀病毒），最早是在2002年於中國的廣東省順德區發生的，很快就擴散到東南亞乃至全球。

比如說它一開始會在香港出現，不到一星期就出現在加拿大！這件事情告訴我們，因為人口的密集以及航空交通事業的發達，疾病在人與人之間的傳播就會越來越快速，也告訴我們了解傳染病的傳播機制，是相當重要的一個科學研究。SARS雖然在2004年之後就漸漸不見了，但是和它一樣致命的冠狀病毒MERS，2013到2014年時，在中東又重新出現，至今（2017）依然存在。雖然這時候中東出現的冠狀病毒是由駱駝在傳染給人的，沒有像在2002、2003年出現的SARS冠狀病毒傳播能力這麼快，但是它還是有可能會造成一些威脅。

值得注意的是，在臺灣發生SARS的時候，我們面臨到一些倫理上面的爭議，在討論這些倫理議題之前我們先來了解一下冠狀病毒。SARS冠狀病毒它就像一顆皇冠一樣（圖5-3），不像天花病毒那麼大，它只是一個很小型的一個RNA病毒。但是如果被這一個很小的RNA病毒感染，就會相當不舒服而且甚至造成死亡。

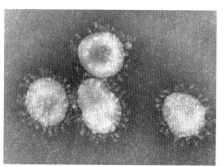

圖5-3　電子顯微鏡下，外形像一頂皇冠的SARS冠狀病毒。（資料來源：維基百科）

2003年在臺灣的死亡率大概接近於10%，SARS冠狀病毒感染後的主要症狀是發高燒，所以2003年臺灣發生SARS的時候，搭火車或是進學校教室每天都要量體溫。發高燒的定義是體溫超過38度C，而除了發高燒之外，SARS冠狀病毒感染的時候也會造成咳嗽，或者是呼吸急促、甚至呼

吸困難，並造成所謂的免疫風暴導致大量的肺部積水，這時候呼吸會產生困難就好像是溺水一樣，所以在胸部X光檢查的時候會發現肺部的病變。

SARS除了造成肺部病變以外，也可能伴隨著其他的症狀，除了發燒以外，比如說頭痛、肌肉僵直、食慾不振、倦怠、意識紊亂、皮疹，甚至也會拉肚子，造成腹瀉的現象。一般而言，SARS的潛伏期大概是2到7天，最長可長達10天以上。

臺灣是2003年4月22日的時候，在和平醫院出現七名醫護及行政人員感染了SARS，臺北市政府接獲通報之後，當時的市長馬英九就在深夜召開緊急會議來了解狀況，而且和平醫院也連夜消毒，並且暫停急診停收住院的病人，這是當初4月22日那一天發生SARS的時候，我們政府做的一個處置。4月23日臺北市衛生局宣布和平醫院要緊縮門診，僅接受慢性病患預約看診，住院病患可要求轉診至陽明醫院。這時發生了一件事：在和平醫院有一名護士搭長途客運返回高雄的時候，被高雄市政府開單裁罰並要求居家隔離，耕莘護校一名在和平醫院擔任實習護士的學生，也疑似了感染了SARS冠狀病毒，所以耕莘護校就決定全校停課10天。

為什麼要這麼做？因為如果不隔離、不進行停課的話，有可能SARS就會更進一步的傳染更多的人員。4月24日的時候，臺北市政府就成立了SARS緊急應變的中心，由副市長歐晉德先生擔任召集人，行政院跟臺北市政府共同宣布進行關閉和平醫院，因為這時候大家發現如果不進行關閉和平醫院的話，有可能和平醫院會變成一個傳染SARS病毒的熱點。本來醫院是一個救人的單位，但像SARS出現的時候，反而有可能會造成傳染病的溫床！

所以這個時候臺北市衛生局就接管和平醫院，要求全院醫護人員返院隔離。全院九百多位醫護人員必須返院隔離，也就是說之前在4月24日那一天，也許有一些休假的醫護人員，他們仍然要返院隔離，而且這些醫護人員的家屬也必須進行居家隔離，200多位住院的病患就集中治療。這是臺灣醫院封院的首例！大家可以想像在以前沒有這樣的傳染病的時候，我們並不需要考慮要不要把一個醫院給封閉起來，但是當瘟疫蔓延的時候，

醫院有可能會變成傳播的溫床沒有辦法再救人，而且有可能傳播疾病，所以這個時候醫院就必須進行封院（圖5-4）。

圖5-4　2003年春的臺北和平醫院。（資料來源：台灣光華雜誌）

　　當天晚上，市政府就在和平醫院外面設立了前進指揮所，這時候就有一些爭議。在4月25日的時候，和平醫院部分的醫護人員不滿被要求與疑似感染者同院隔離，可以想像在醫院裡面有一些人可能被感染，但是有一些人是健康的，跟被感染者處在同樣一個區域就有被感染的可能，所以有些醫護人員就企圖衝出封鎖線進行抗議。這裡就出現一個議題：有些人會認為說，這些醫護人員如果它衝離封鎖線的話，等同於是敵前抗命，將要依法究責。

議題討論2

　　這些醫護人員離開封鎖線是道德的，還是不道德的？
　　如果你是臺北市政府的話，面臨SARS得這樣的一個疫情，你會採取底下哪一個措施：第一，全面召回醫護人員，

並封鎖和平醫院統一管理；第二，醫護人員自家隔離，和平醫院整棟封鎖進行管理；第三，不進行醫院的封鎖，但是所有疑似病患集中管理；第四，附近地區全面封鎖。

和平醫院在萬華附近，所以當初政府確實也有考慮要將萬華地區進行封鎖，然後成立緊急特區。我們再從另外一個角度來思考這個問題，如果你是醫護人員，那在有選擇的情況下，也就是說你是否仍然會進入和平醫院，跟有可能感染SARS的病人一起進行隔離？是因為身為醫護人員照顧病人是我們的天職，所以如果是醫護人員的話，就應該跟病人一起進行隔離？還是考慮SARS會傳染給自己，而且有可能自己的生命就這樣殞落了，那是不是很無辜？

經過SARS風暴之後，有一些醫護人員說出他們內心層面的一個問題。這些醫護人員說他們對病人的包容性變低了，他們說他們也有家庭，「我冒著生命危險來照顧他們，我會覺得病人們應該好好配合，如果他們不配合就會命令他們。」可是因為醫護人員不應該命令病人，所以他們也會認為自己不應該這樣子想。

身為醫護人員背負有神聖的天職，犧牲奉獻被視為理所當然，而膽怯、不滿則被視為不專業，或是不道德的，社會上大部分的人都會這樣子想。醫護人員本身也會有內化的一個價值觀，大家從這裡可以看到，身為醫護人員就會背負著犧牲奉獻的天職，所以照顧SARS病人理論上是應該的。但是我們也必須將心比心的來衡量，或許他有可能因為照顧這個SARS病人，就得冒著被感染的風險，甚至喪命。在醫護人員內心層面，救人的同時他們也害怕會被感染，也會害怕死亡，那麼我們是不是不能因為「醫護人員有照顧病患的天職」這樣的信念，而失去同理心，失去理性？

SARS帶給我們很多的思考，當這個瘟疫開始的時候，我們如何去面對這樣可怕的未知的傳染病。在之前從來沒有出現過，突然到沒辦法

控制，即使到現在我們也沒有很好的藥物，沒有很好的疫苗足夠對付
SARS，長長的陰影依然潛藏著。在未來也還是有可能會出現新的傳染
病，我們必須從SARS風暴裡學到一些教訓。

四、流感病毒深長的陰影

大家應該對流感病毒不陌生。流感病毒每年大概有上千萬個人感染，
流感病毒到底是什麼？我們有可能面臨哪些流感病毒的威脅？近代病毒學
對流感病毒已有深刻的了解，雖然還是無法消除對健康所帶來的威脅和
不適。流感病毒是一種RNA病毒，歷史上流感病毒其實也是一個超級殺
手，雖然這件事情知道的人也許並不多，因為那時候一次世界大戰剛剛結
束。

在1918年發生的西班牙流感，有些證據顯示可能是在西班牙內戰的時
候，西班牙士兵開始傳染的，所以一開始就稱作西班牙流感（圖5-5），
但是西班牙人認為有可能是美國的傭兵帶到西班牙的，因此也有另外一個
名稱——豬流感。1918年的這個流感相當地特別，據估計，在短時間內
不少於2000萬人因它而亡。當年在美國費城發行的報紙頭版標題，即是

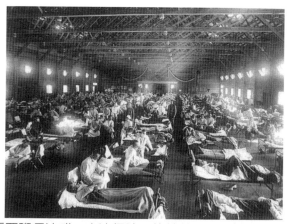

圖5-5　1918年「西班牙流感」大流行時，位於美國勘薩斯州（Kansas）的一個營
　　　 地。（資料來源：維基百科）

說這個流感造成600萬人的死亡。但不是10年或5年造成600萬人死亡，而是短短的12個禮拜就死了600萬人！他們稱黑死病又回來了，但於中古世紀造成黑死病的是一種細菌，而非病毒。1918年的瘟疫其實是一種流感病毒，稱作H1N1流感病毒，它於全球所造成的死亡，據估計可能遠大於第一次世界大戰所造成的死亡人數。所以流感病毒雖然在我們日常生活中常常遇到，會有不適但總是能痊癒，可是有時它很可能是一個很可怕的殺手。

近代我們要注意的哪一種流感呢？也許是禽流感。禽流感是流感病毒的一種，大部分感染鳥禽類，但偶爾也會感染豬或者是人類。禽流感的病毒具有高度的物種特異性，類似天花病毒。禽流感一般而言只感染家禽，比如說雞或者是鴨或是鵝，但是禽流感跟天花病毒不一樣的是，它偶爾也會跨越物種屏障感染人類。在家禽中，感染禽流感病毒會有兩種主要的疾病形式，一般稱為低致病性或高致病性禽流感。

低致病性的禽流感一般是H5N2流感病毒，而高致病性一般是由H5N1流感病毒所造成的。所謂的低致病性指的是，家禽感染禽流感病毒的時候通常只會導致輕微的症狀，比如說羽毛混亂或產蛋量下降等，如果感染的是低致病性的病毒很容易就被忽視。但是高致病性的禽流感病毒就不一樣，高致病性禽流感的病毒在染病的家禽體內，複製與傳播的相當快速，而且會感染多個器官，甚至出血，通常在48小時內死亡率可以達到100%。所以如果家禽感染高致病性的禽流感病毒，通常是「紙包不住火」，可以很容易辨認的。

根據流感病毒的分類，分為A、B、C三型，其中會感染人類的是A型跟B型，所以目前施打的流感疫苗，會含有預測年度大流行的兩種A型流感，和一種B型流感。高致病性的禽流感病毒與低致病性的禽流感病毒，都是屬於A型流感病毒。A型流感病毒是一種具有披膜（envelope）的RNA病毒，目前根據其披膜上的2種蛋白，一個我們稱為血液凝集蛋白（hemagglutinin），簡稱H，總共有16種不同的變異種，所以有16個H亞型；另一個是神經甘胺酸酶（neuraminidase），簡稱N，總共有9個亞型

（圖5-6）。所以用排列組合可以知道，理論上A型的流感病毒可能會有16×9 = 144種不同，目前會造成高致病性的禽流感病毒，大概都是H5跟H7的亞型病毒，比如說H5N1跟H7N9，所以這兩種是高致病性的禽流感病毒，但也不是所有的H5跟H7亞型的病毒都是高致病性的，比如說H5N2就不是高致病性的。

　　有一種狀況是帶有H5跟H7的這兩種亞型禽流感病毒，大部分是以低致命性的形式在禽類間傳播，但是如果任其在家禽中傳播而不加以控制，這些病毒通常在幾個月內就有可能會產生變異成為高致病性的病毒，這就是為什麼家禽中如果發現有H5或H7的亞型病毒，就會令人擔憂。

　　鴨，一般我們稱作水禽類，禽流感病毒H5N1在鴨類通常不會造成很嚴重的死亡或是疾病，但對雞卻是相當致命的。所以可以猜測說這是禽流感病毒的一種演化策略，鴨子是H5N1的儲主，因為鴨子變成是一個很好的帶原者，並不會有明顯的病徵，但是鴨子會把病毒傳染給雞，對雞而言H5N1則是相當致命的。H5N1這一高致命性的禽流感病毒，對人類健康是否會有影響呢？目前的研究結果顯示，它對人類的健康會帶來極大的風

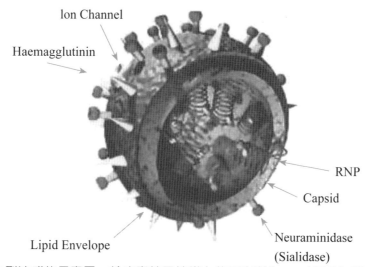

Ion Channel

Haemagglutinin

RNP

Capsid

Lipid Envelope

Neuraminidase
(Sialidase)

圖5-6　A型流感的示意圖，於病毒粒子披膜上的蛋白質為HA（黃色）和NA（綠色基座紅色頭）。（資料來源：維基百科）

險！

在跨越物種的屏障感染人類之後，H5N1是相當致命的。和在大多數人身上所引起輕微的呼吸道症狀的季節流感不同，H5N1不是引起輕微的呼吸道症狀而已，它感染後的進展通常會相當快速，而且是以原發性病毒的肺炎和多重的器官衰竭最為常見，死亡率很高，一般會大於50%，也就是說，在禽流感爆發期間感染病毒的患者會有半數死亡，而且大多數的病例都發生在健康的兒童和青年中。這和一般的流感不同，比如說季節性流感造成死亡的通常是嬰兒或者是老年人，而死亡率通常也不到千分之一。

舉例而言，2003至2009年世界衛生組織對H5N1的禽流感疫情做出現統計，總共有445個人感染了H5N1，以全世界的人口來看（2009年時近70億），這個數字也許是微乎其微，因為H5N1現在只會從家禽傳染到人類，不會和季節性流感一樣在人類跟人類之間傳播。但可怕的是死亡人數總共有263個人，死亡率大於5成！世界衛生組織的調查也顯示，大部分致死的地方集中在印尼以及越南這兩個國家。值得憂慮的是，它現在雖然不會造成大流行，只會從雞傳染到人，並不會在人跟人之間進行傳播，但是這些病毒只要有足夠的機會就會產生變異或者說突變，這個突變或變異就有可能會在人類間進行快速的傳染，這樣的一個變種出現的時候，就有可能會爆發全球的大流行。所以現在我們即將面臨的是，一個有可能爆發全球大流行的H5N1禽流感。第一，H5N1病毒似乎擴大了宿主範圍，導致以往被視為對禽流感病毒具有抵抗力的哺乳類動物，也可以被感染病導致死亡。在泰國有一個例子，泰國某動物園把H5N1病毒感染的雞在不知情的情況下，餵給動物園的老虎當作食物，結果動物園的老虎吃了H5N1感染的雞也跟著死亡。這顯示H5N1病毒已經可以感染哺乳動物，病毒已經開始改變了，什麼時候會變成哺乳動物跟哺乳動物之間可以傳染，只是時間的問題。

第二個值得憂慮的證據是，2005年春在中國有6000多隻候鳥到華中保護區過多，卻因為感染了高致病性的H5N1相繼死亡。所以H5N1有可能會透過候鳥，尤其有些是野生的水禽，隨其季節性的遷徙而造成大量的病

毒在世界各地流竄，其接觸的動物變多的時候，突變成哺乳動物跟哺乳動物之間傳播的變種病毒的可能性就會大增。

　　至少兩個證據讓我們覺得禽流感病毒是未來很大的一個隱憂。臺灣在2003年，也就是SARS爆發的那一年，在金門走私的鴨子裡面檢測出含有H5N1禽流感病毒，所以走私也很可能是讓我們臺灣面臨禽流感病毒一個很大的威脅。

議題討論3

　　當這些禽流感病毒有可能大流行，而我們必須研發對抗他的藥物的時候，在這些科學研究的過程中會不會引起一些倫理上面的爭議呢？這個章節裡，我們將嘗試討論抗禽流感病毒藥物研發的爭議。

　　目前治療禽流感的主要兩種藥物是Tamiflu，一般我們稱作克流感，另外一個叫Relenza，愛樂莎。這兩種都是抑制神經胺酸酶，或說N蛋白的酵素活性，用來防止禽流感病毒脫離它的宿主，讓它不會去感染新的細胞或未感染的細胞，目前這兩種藥物（Tamiflu或Relenza）都可以減輕季節性流感導致的疾病並且縮短病程，所以大家相信這兩種藥物都應該可以治療H5N1這種高致病性的禽流感。如果人類感染禽流感病毒，目前的研究顯示必須即早使用Tamiflu或Relenza，在感染之後，最好在48小時內服用這兩種藥物。這兩種藥物對H5N1病毒的耐藥性雖然有，但是臨床上的報導並不常見，我們擔心的是，如果在大流行期間廣泛使用這類藥物的話，有可能會出現抗藥性的問題；所謂出現抗藥性就是說，這兩種藥物沒有辦法治療H5N1病毒感染的人類，那這時候我們就要期待是不是有其他的藥物，或者有其他的疫苗可以用來治療H5N1的感染。

　　在治療這一個禽流感病毒的時候，我們會面臨的一個問題是神經胺酸酶的抑制劑，比如說克流感。它的專利權是屬於羅氏大藥廠，所以如

果要製造克流感的話，必須經過羅氏大藥廠的授權，假設這個病毒已經迫在城下，那麼這時候還是否需要受到這個專利授權的困擾？所以這裡我們來思考一下底下這個問題：當傳染性疾病爆發的時候，為緊急因應藥物的製造，專利法規是否應該予以遵守？第一，法律就是要遵守，因為法律之前人人平等，這是我們一般認為的原則。第二，但是人命關天時，法律是否應該暫時失效？比如說我們前面提到的克流感，它的製造需要羅氏大藥廠的授權才得以進行製造，在禽流感大流行時，我們是否可利用特別的法律來擺脫這一個束縛？讓我們國家可以因應這一個緊急的狀況，並進行這個藥物的生產？

議題討論4

　　另外一個問題是，通常藥物的研發必須經過臨床的測試，而且通常必須有所謂的Phase 1、Phase 2跟Phase 3，三期的臨床試驗。那麼如果在緊急的狀況下是否可以跳過人體三期的臨床試驗？也就是說，如果這個藥物還未證實是安全且有效的，但因為救急是否可以不遵守這一個原則？假設這個禽流感我們認為它未來有可能會大爆發，但是現在也沒有那麼多的感染的病例可以進行三期的臨床試驗，那麼這時候這樣的醫療法規是否一定要遵守？

議題討論5

　　為了更進一步了解H5N1禽流感病毒，我們必須進行一些科學研究，因為進行這些科學研究可以了解突變的病毒在哪裡突變，例如流感病毒是一個RNA病毒，它很容易突變，那它突變在哪一些點的時候就可以變成人傳人？如果了解這個，也許我們就可以針對這個突變點來進行藥物的開發或者是研究。

但是在2011年的時候，我們就面臨到一個備受爭議的研究問題。為了要了解禽流感如何變得人傳人，我們是否可以在實驗室裡面用人為的方法，製造出可以人傳人的禽流感病毒？這樣的研究是否該予以進行？

　　這是一個備受爭議的研究，所以我們又看到一個科學兩難的問題。我們是為了要了解這個病毒如何會進行人傳人，所以進行這個研究。但是要進行這個研究，很可能會讓這個病毒，也許在野外裡面或是在自然的條件下，原本只要十年或者是更久的時間才會變成人傳人，但是在實驗室裡面，也許幾個月或者不到一年的時間，就可以讓它變成人傳人！這樣的病毒當用人為的方法製造出來，就有可能會流竄到實驗室外，而造成很大的公共衛生的威脅，那麼這樣的研究該不該進行呢？

　　進行這樣研究的有兩個單位，一個是在荷蘭，是由Ron Fouchier這位科學家所領導的，另外一個是旅居在美國威斯康辛醫學院的日本科學家Kawaoka教授所進行的。他們分別在實驗室裡面以雪貂進行傳染的實驗，讓雪貂去感染高致命性的H5N1病毒，然後一代一代產生一些禽流感的突變，並真的在實驗室裡面篩選到可以在雪貂跟雪貂之間進行空氣傳染的病毒。一般相信雪貂感染流感病毒跟人類是最像的，這個實驗結果就告訴我們，從雪貂裡面分離出來，可以進行雪貂跟雪貂之間空氣傳染的H5N1病毒，有可能會在人跟人之間進行空氣傳染，所以這樣的研究該不該進行呢？

　　這個研究完成之後有很多的批評。第一，很多人認為這樣的病毒。會逃離實驗室也許是人為的，也許是本身實驗設施，讓這個病毒有機會逃開這個實驗室造成大流行。第二，這樣的研究工作發表了之後，是不是會讓有一些野心分子，或者是極端居心不良的分子把它發展成生化武器，所以有些科學家就批評說這樣的實驗根本上就不應該進行，雖然實際上的結果是這個實驗已經完成了。而且在荷蘭及在美國的日本科學家都同樣的證明，在雪貂裡面經過十代，這個病毒就變成可以在空氣中進行傳染。

思考一下，你認為這位荷蘭的Fouchier先生或者是Kawaoka教授，他們是否該進行這樣的一個禽流感病毒試驗？贊成，因為你認為要了解這個禽流感會造成空氣傳染的一個突變點是在哪裡，了解這樣的病毒之後，也許你就可以找到治療這樣病毒的一個藥物或者是疫苗。反對，因為這個病毒有可能會逃離開實驗室，或者讓有心人去利用這樣的病毒來發展成生物武器，所以這樣的實驗不應該進行。

議題討論6

　　你認為呢？這位荷蘭科學家跟日本科學家，他們完成的禽流感病毒試驗的結果是否應該發表？這也許就是我們在進行科學研究時，很可能會遇到的倫理道德的議題。當辛苦地完成了這個研究工作，而且找到了真理，但這個真理的背後有可能會帶來災難，就比如說第三章裡所談到的原子彈的發現。原子彈的製造一開始只是根據愛因斯坦的質能互換公式，公式本身並不會造成危害，而且如果進行核能電廠的應用，它應該是一個和平的用途，但是有可能也會變成毀滅性的一個武器。

　　在這一個禽流感病毒實驗裡面，也許這個研究結果可以讓藥物或疫苗的研發加速，但是也有可能會被恐怖分子利用，把它變成一個致命性毀滅性武器，所以這樣的研究是否應該發表？

五、大魔頭伊波拉病毒

　　伊波拉病毒目前只發生在非洲，死亡率相當高，且在現今全球繁密的航空交通下，有可能會傳播到非洲以外的地區。2014年在西非地區所爆發的伊波拉病毒，則產生一些新的科學與倫理上面的議題。伊波拉病毒和

流感病毒或SARS冠狀病毒一樣，都是屬於RNA病毒，伊波拉病毒跟流感病毒都是突變相當快的一種病毒，但伊波拉病毒如果用外觀來看，卻跟其他的RNA病毒不太一樣。

　　一般的病毒，比如說流感病毒長得就像球狀的，SARS病毒則像一個球狀的皇冠一樣，有些病毒很可能是桿狀的，是正二十面體。但伊波拉病毒的外觀看起來有點像一條義大利的麵條，或者是牧羊人的枴杖，直徑大概是80個奈米，一奈米為10^{-9}公尺，是一個相當小的單位，病毒一般都是在奈米的等級。伊波拉病毒它的直徑雖只有80奈米，但是它的長度可達到800跟1000個奈米（圖5-7）。

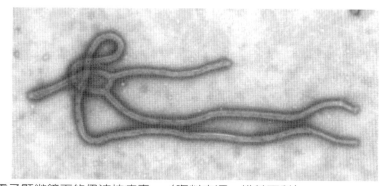

圖5-7　電子顯微鏡下的伊波拉病毒。（資料來源：維基百科）

　　1000奈米相當於1微米（10^{-6}公尺），1微米其實已經跟一個細菌差不多了，所以在外觀上伊波拉病毒是一個相當特別的病毒。伊波拉病毒感染的症狀主要為發燒，這跟SARS病毒或者是流感病毒是類似的，也會引起嘔吐或者是拉肚子，嘔吐或者是拉肚子這個在SARS病毒裡面偶爾會出現，而某一些A型流感病毒也會造成嚴重的嘔吐甚至是腹瀉現象，但是伊波拉病毒讓人們更覺得可怕的是會造成出血。

　　這出血的現象包括皮下出血，耳朵、鼻子甚至眼睛還有內臟都會有出血的狀況，這些出血的現象流感病毒、SARS病毒或天花病毒是不會出現的，所以感染伊波拉病毒後得到疾病，就稱作伊波拉出血熱或伊波拉病毒出血熱。伊波拉病毒傳染主要的途徑是透過接觸傳染，可以藉由病人的血

液體液或者是分泌物甚至是糞便而傳染的，爲接觸傳染，目前伊波拉病毒比SARS或者是流感還要不容易傳播的原因，很可能是因爲它還不會經由空氣傳染，如果伊波拉病毒變得跟流感一樣也可以藉由空氣傳染，那必然會是一個大麻煩，因爲伊波拉病毒的死亡率可以達到55-90%，死亡率相當的高，所幸目前僅局限於在非洲。

一般而言，生物實驗室的安全等級共分成四個等級。第一級也就是最安全的，通常不會有傳染性，也不會造成生病的病毒，比如說昆蟲的桿狀病毒（baculovirus），這種我們稱作BSL-1。第二級就是會感染人類，但是大部分人類很可能都已經有打了疫苗，或已有可治療的藥物，並不會造成大流行，這類的病毒在我們一般稱作BSL-2的實驗室就可以進行操作，例如流感病毒。進入BSL-3，通常就是會有高致病性的一個風險，雖然也許有一些藥物可以控制，但是它是有高致病性的風險，而且是高傳染性的病毒，就必須是在安全等級3以上的實驗室才能操作，例如屈公熱病毒。最危險的我們稱作BSL-4，這樣的實驗室研究的對象就是目前沒有疫苗也沒有藥，而且是高度致命的（圖5-8）。

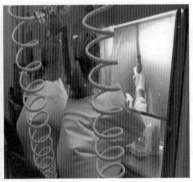

圖5-8　生物安全等級3實驗室（左圖）與安全等級4實驗室（右圖）。（資料來源：維基百科）

目前並沒有好的藥物或者是疫苗，用來治療或防治伊波拉病毒的感染，所以說伊波拉病毒是病魔中的最高級，或者說是病魔中的病魔，我們永遠以四級安全管制所謂的BSL-4（biosafety level 4）來處理伊波拉病毒。伊波拉病毒根據目前的了解，大概分成五種，最早發現地時候是在

1976年，稱爲薩伊伊波拉病毒，在1998年又分離出了蘇丹伊波拉病毒。這兩類病毒都是出血性，而且死亡率極高，比如說薩伊伊波拉病毒有時候一出現，死亡率就高達百分之90。

第三種伊波拉病毒我們稱作雷斯頓伊波拉病毒，這是在1990在美國發現的。雷斯頓伊波拉病毒相當的特別，跟前面所提到的薩伊病毒或者蘇丹伊波拉病毒不同，並不會造成人類的死亡，但會造成有點像感冒的症狀，對人類目前來講是無害的，但雷斯頓伊波拉病毒確實會造成猴類的出血熱，它會讓猴子大量的死亡。在美國維吉尼亞州的雷斯頓，有一家提供猴子作爲實驗的生物科技的公司，1990年此公司發現他們的猴子大量死亡，科學家從死亡的猴子分離出了像伊波拉病毒一樣的病毒，就把它命名爲雷斯頓伊波拉病毒，只是目前也不清楚爲什麼，雷斯頓伊波拉病毒對人類並不會造成致命性的一個感染。

值得我們注意的是，在雷斯頓這家生物科技公司所提供的猴子，都是來自於我們的鄰國——菲律賓，所以在菲律賓的地區就有猴子帶有雷斯頓伊波拉病毒，更令人擔憂的是，在1998年的時候，科學家在菲律賓的某一些豬的血液裡偵測到雷斯頓伊波拉病毒。目前，我們一般相信，人類接觸豬的機會要比接觸猴子的機會還要多，而伊波拉病毒爲RNA病毒，有機會快速突變，所以目前在菲律賓的雷斯頓伊波拉病毒，它可能已經從感染猴子演化到可以感染豬，所以也許有一天我們會接觸到雷斯頓伊波拉病毒並不是經由猴子，而是因爲接觸了豬。

第四種伊波拉病毒我們稱作象牙海岸伊波拉病毒，因爲一開始我們是在象牙海岸所發現的。第五種是所謂的邦地布優伊波拉病毒那這是在2012年的時候被命名的。所以到目前爲止有五種伊波拉病毒，除了第三種所謂的雷斯頓伊波拉病毒目前不會造成人類出血性死亡外，其他四種對人類都是相當致命的。

2014年爆發的伊波拉病毒我們給他一個特殊的名稱——EOBV。EOBV其實跟在1976年在中非的薩伊所流行的伊波拉病毒是很類似的，但卻是在西非爆發的。1976年爆發的薩伊伊波拉病毒總共造成600多名左右

的人員被感染，死亡率接近七成，當它第一次出現的時候，我們才知道原來有對人類這麼致命而危險的病毒，所幸它發生在中非的一個偏遠地區：在薩伊跟剛果這兩個國家交界的伊波拉河附近。因為在伊波拉河附近爆發了這樣未曾發現過的病毒，所以我們就用伊波拉河來將它命名為伊波拉病毒。

　　第一個被發現的病人住在伊波拉河附近，是一個小學老師，而第一個被感染的病人我們把他稱作指標病例，這個指標病例其實是在薩伊雨林裡，伊波拉河旁邊的比利時聖心堂所設立的天主教醫院發現的。2014年EOBV伊波拉病毒的指標病例是在二月的時候，於西非的幾內亞找到的，三月的時候傳到鄰近的賴比瑞亞，五月的時候就傳到獅子山共和國，在七月的時候，尼日也發現伊波拉病毒所感染的病例，而在十月、十一月的時候，西非的馬內也發現伊波拉的病例。在2014年8月，已經有2240個病患感染EOBV，其中有1229人死亡，可怕的是在11月的時候大概已經有14000名病患感染EOBV，其中大概有5500人死亡，這是有史以來最多人被伊波拉病毒感染的一次。

　　從1976年到2013年間所發生的伊波拉病毒感染大概都是零星的，而且大部分都發生在中非，比如說薩伊或者是剛果這些中非國家。但2014年這一次相當的特別，發生的地點不是在中非這種偏僻的邊陲地帶，而是在交通繁忙且發達的西非，所以也增加伊波拉傳染的機會，也顯示人類文明交通的便利雖然造成經濟的繁榮，但是其實也有可能造成病毒的「繁榮」，也就是說人類會更容易接觸到以前沒有辦法接觸到的病毒，所以針對這一些新產生的病毒，我們目前給他一個新的名詞叫作新興傳染病（New emerging virus disease）。

　　目前數據也顯示2014年所爆發的伊波拉病毒，大概每34.8天被感染的人數就會倍增，所以八月份的時候只有兩千多個病患，但到十月時候已經超過一萬名病患。所以2014年這個EOBV這一個病毒，確實比以往的伊波拉病毒對人類的威脅會更大。一開始的時候是爆發在2014年2月的幾內亞，目前在幾內亞被發現的病例大概有607人，其中有406人死亡；三月

的時候就在獅子山出現病例，獅子山共和國目前大概有910個病例，死亡人數達到392人。在賴比瑞亞這一個國家，目前死亡跟感染人數都是最多的國家，大概有1082個病例，其中有624個死亡。

2014年在西非所爆發的伊波拉病毒，目前的統計顯示，大概有20%的感染者是因為參加傳統的非洲葬禮而被感染的。非洲的傳統葬禮有一個特色，他們必須幫病人洗澡，執行這個葬禮工作的人甚至會把死者的內臟吃掉，且這樣的一個習俗通常都是女性來執行。所以這裡我們遇到一個議題：如果遇上瘟疫大流行，而且我們用科學的方法得知這個瘟疫是因為傳統的葬禮來傳染的，那麼為了防止疫情的擴散，是否利用這個科學的道理來禁止這個傳統葬禮的進行？

在早期，比如說在1980年代，如果有伊波拉病毒爆發，科學家到非洲所謂的研究或協助其實只是去數數死亡的人數，因為我們沒有辦法做出其他有助於病患的事，即使是到現在，我們也還不是很清楚伊波拉病毒在野外的儲主是什麼生物，雖然大家懷疑有可能是蝙蝠。但從1976年到現在，生物科技的發展可以說是日新月異，進入21世紀以後，新的生物科技比如說基因體科技，它就能提供有關這個病原的起源，和傳播的速度與演化的過程。比如說在上一節裡面，提到伊波拉病毒在2014年爆發的時候，大概平均每34.8天就可以增加感染人數1倍以上，這都是有賴於新的生物科技進展才能提供這樣的一個數據。

根據基因體的定序，有些科學家從病源體內抽取伊波拉病毒，然後利用序列比對的分析，才確認2014年所爆發的伊波拉病毒其實是來自於單一的天然儲主，然後就產生人對人傳染的西非大爆發，這個跟之前大家所猜測會不會是有很多個不同的天然儲主，然後同時平行發生在不同的人身上造成傳染是不同的。且經過定序後，比較從1976年到今年

為止，所爆發的20次不同伊波拉病毒的基因體序列，進行了所謂的親緣演化比較（Phylogenetic comparison）顯示，這次爆發了在西非的伊波拉病毒，其實是1976年在中非所發生的伊波拉病毒在這十年來陸陸續續傳播過來的，所以發生在2014年西非地區的伊波拉病毒，它的起源其實是在中非，並不是從西非新產生的一個伊波拉病毒。

　　這些都有賴於一個很重要的技術，稱做PCR，所謂的連鎖聚合酶反應，這個實驗技術雖然是在1983年出現的，但是到目前還是相當有用的一個工具。PCR技術在著床前基因檢測的是很有用的工具（見第二章），針對EOBV的大爆發，PCR也是很有用的工具。我們可以舉一個例子：當你用PCR進行檢測的時候，有人發現有個病例是因為參加了在幾內亞的傳統葬禮裡面而被感染了，於是他們也用PCR技術追蹤到有另外13個人也參加這個葬禮，而且也都得到了伊波拉病毒感染，所以我們才知道這一個非洲的葬禮，很可能跟這次大爆發的疫情有關係，而且在這13個利用PCR技術所追蹤到的患者全部都是女性，他們也都參加了那一次的葬禮。

　　新的科技可以讓我們對一些疾病的掌握更加的即時，也可以追蹤到一些以前沒有辦法追蹤到的病例，當你使用這一些新科技的時候，也會有一些新的倫理道德的考量。比如說，在上述的研究裡面你要進行對病人抽血，或者是進行一些醫療行為的時候，必須經過獅子山共和國的倫理及科學審核委員會通過，參與這些工作有些科學家主要是來自於美國，他們也必須遵守美國他們對病人序列研究的要求，必須依照安全委員會的操作程序來執行，所以有新的科技也會有一些新的倫理道德的考量。

　　因科技帶來進步，使得「地球是平的」，我們是一個地球村，我們必須要彼此幫助。現在的問題是，當你面對的是一個相當棘手，沒有藥，沒有疫苗可以治療的疾病，你的國家也不是伊波拉病毒出血熱的地區，這時候你是否贊成國家派遣志工或醫護人員到疫區進行救援呢？

　　根據路透社的報導，大概有75%的美國人，他們贊成派遣志工或是醫療人員到非洲去，幫助這些伊波拉出血熱比較嚴重的國家，比如說獅子山共和國、賴比瑞亞或幾內亞等，但是這75%的美國人都希望到過非洲這些國家的志工或醫護人員，在返國的時候必須被隔離。那麼是否可以考慮說如果沒有派遣志工到疫區去救援的話，你就不需要額外進行隔離這個動作？但是大家也可以反過來思考，也許哪一天你的國家需要別的國家來幫忙你，我們必須要能夠互惠、互相幫忙才是。所以其實大部分的疾病也許大家都願意伸出援手，但是如果面對像是伊波拉病毒出血熱這麼棘手的一個疾病，我們是否仍然願意派遣我們國家的志工到這些疫區來進行救援呢？

　　以英國國家傳播公司BBC的一則報導為例。第一個案例是在美國一所學校教書的老師，她本身也是一位合格的護士，在2014年的時候，剛好到非洲的肯亞去進行人道救援的工作，但是這一位老師回到美國的時候，她所任職學校的學生家長希望這一位老師必須進行隔離，也就是說暫時不能在學校工作，要三個禮拜之後才可以再回到學校任教。這一事件值得思考的是：這一位相當有愛心的志工老師，她去的是肯亞，但肯亞並不是2014年爆發伊波拉病毒的疫區，肯亞是在東非！這次發生疫情其實是在西非，但是即使如此「伊波拉瘟疫」大家還是會害怕，所以這位老師還是被要求必須停課三個禮拜。

　　第二個例子是有一位護士她到西非當志工，因為她想去治療一些被

伊波拉病毒感染的病患，我們稱這個護士叫凱西。凱西她回到美國之後，大家就發現她必須被隔離，隔離在紐澤西州的一個帳篷裡！強制她在這個帳篷裡面進行隔離，隔離之後，凱西這位護士跟緬因州政府達成一個協議，這個協議是：「緬因州的法院判定凱西她不能到人多的地方出現，也就是說她不可以出現在一些公共場所裡面。」雖然凱西她目前經過兩次的檢測都沒有伊波拉病毒感染的任何症狀。所以可以想像大家對伊波拉病毒的恐懼，這個因可怕瘟疫而存在的恐懼，也許會讓我們失去某些信任科學的判斷。

議題討論9

　　接著我們再來思考底下這個議題：假設你的國家並非伊波病毒出血熱的疫區，目前世界所有的國家幾乎都不是，除了在西非的某些國家以外。

　　那麼你是否贊成你的國家派遣科學家到疫區進行研究工作？

　　目前美國科學家已經完成了99個伊波拉病毒的定序工作，這些工作可以幫助我們進行這些伊波拉病毒的檢測，以及可以長期引導我們來發展伊波拉病毒的疫苗，甚至是治療藥物的開發。顯然的，必須要有一些科學家到這些疫區進行工作，「不入虎穴焉得虎子」，不然我們沒有辦法得到這些伊波拉病毒的基因序列。所以我們該不該派科學家到西非去進行這些研究工作呢？其實這裡面可能會需要一些代價。

　　在2014年的時候，為了伊波拉病毒疫情的研究，以哈佛大學為首的研究團隊，在獅子山共和國進行研究伊波拉病毒的RNA序列分析。這一個研究團隊裡面，總共有四個國家的50位人員共同參與，他們的論文發表在2014年9月12號相當有名的科學期刊上面，但是在這個文章的最後有一個悼念文（memoriam）說：「很悲慘的是，或者說是一個悲劇，在這個文章裡面有50個作者，這50個作者裡面，有5個研究人員因為進行研究的過程中不幸感染了伊波拉病毒而死亡，這5位研究人員

專業倫理──科學與倫理、一般倫理

都是在獅子山政府的醫院裡面進行工作的科學家，或者是醫護人員，他們參與了這個研究計畫，卻都犧牲了他們的寶貴性命。」但是這個研究結果，它可能可以讓我們開發出伊波拉病毒的疫苗，或者是治療伊波拉病毒感染的藥物，這就呈現我們一般倫理討論過的一個兩難問題，也就是說我們是不是要犧牲一個人來救五個人？你為了研究伊波拉病毒的疫苗或者是藥物，你有可能會犧牲性命，那這時候我們要不要去做「犧牲一個人救五個人的工作？」

議題討論10

　　假設你的國家並非伊波拉病毒出血熱的疫區，但是你的國家派遣的志工到疫區進行救援時，不幸感染了伊波拉病毒，那這個時候你是否贊成被感染的志工回國就醫？議題討論9是思考為了科學的研究，要不要到伊波拉病毒的疫區進工作，現在是假設在伊波拉病毒的疫區進行救援或研究工作的志工、醫護人員或者科學家，他們不幸感染了伊波拉病毒，那麼這時候你會不會贊成這些被感染的研究人員或志工他們回國就醫？另外一個議題所衍生的是：如果你的國家並非伊波拉病毒出血熱的疫區，但是你的國家有科學家在疫區進行研究，而且他有可能會把伊波拉病毒帶回國內，並不是因為他被感染，而是說他為了在國內有比較好的儀器。

　　因為也許在西非的研究設備不足，那麼你是否贊成你國家的科學家，把這個伊波拉病毒帶回國內進行科學研究？

　　這也許是「犧牲一個人救五個人」式的科學道德試驗，但是也許這個帶回來之後的病毒，在實驗室進行操作時不小心感染了或者流出實驗室外面，有可能就會造成流行，這樣你的國家有可能就會變成伊波拉病毒的疫區，你是否願意冒這樣的險呢？

　　伊波拉病毒這個大魔頭，它其實衍生了很多醫藥發展到目前爲止沒有出現過的倫理議題，這個單元將探討伊波拉病毒所衍生的醫療發展的倫理議題。伊波拉病毒目前還沒有任何的疫苗以及可以治療的藥物，當醫療工作者遇到它時確實是需要好運。醫療人員如果要去治療伊波拉病毒感染的病人時必須要全副武裝，而且所有的病人都必須進行安全的隔離，在實驗室裡面操作這個伊波拉病毒也要全副武裝，而且必須要在安全等級最高級的BSL-4裡面才能夠進行操作。所以如果你是醫護人員，你是否會參與伊波拉病人的醫護工作？

　　是。因為身為醫療人員，照顧病人是天職。

　　否。因為我們剛剛前面提過，在沒有治療藥物與疫苗的狀況下，有可能是拿生命當作賭注。

　　關於這個問題，世界銀行的主席就曾呼籲醫療人員必須要能夠遵循他們的誓言，投入對抗伊波拉病毒的任務，因為幫助需要醫療照護的病人是醫療人員的一個責任，只是現在有一個問題是，伊波拉這樣的一個疾病並沒有疫苗也沒有治療的藥物，那麼這時候醫療人員是否還有這樣的義務？就是說這個義務還是不是存在？

　　醫學倫理學家Dr.Daniel Sokol他就說：「如果有伊波拉病人的時候，我們可以想像有些醫療人員會拒絕到醫院工作」。比如說在獅子山共和國的醫院裡面，有些醫療人員就是明顯的例子，他們就說：「當看到自己的同仁一個接著一個倒下的時候，心中就會浮現恐懼，下一個會不會就是自己？」所以這個時候在沒有醫療或藥物能去治療伊波拉病毒的情形下，醫療人員是否還具有這個義務？

　　在伊波拉病毒的醫藥發展的時候，也有一些新的倫理議題出現。

　　專家經過討論後，決定不要以實驗中的藥物或實驗中的疫苗在西非進行實驗性的治療，可以說伊波拉的藥物仍然還是「卡」在實驗室裡面。雖然在很多醫學或者是藥物發展的實驗室，可能有一些具有潛力的藥物或疫苗在發展，但是它還沒有經過認證，還沒有經過醫療法規的許可，那麼它能不能在這緊急的時候就在西非進行治療呢？專家們的決定是說不行。在面對目前這個伊波拉病毒，疫苗的發展狀況，可以確定的是大概在2015年的1月後，就會有兩萬劑的實驗性伊波拉疫苗（Ebola vaccine candidate），它可以對抗這次在西非可以說是空前絕後的疫情，因為到目前為止，根據世界衛生組織WHO的統計，死亡人數大概已經超過七千人了！

　　我們期待也許在一月份的時候，這兩萬劑的實驗性疫苗是不是就能用在這一次西非的疫情？這次的疫苗在實驗室裡面證實，以八隻獼猴所做的實驗顯示，它大概可以有效的保護4隻獼猴，也就是說它的有效率也許是在50%左右，那麼50%的保護效果是不是一個許可的疫苗呢？這其實是一個有很大的一個討論空間。

　　所以有些人就認為我們將沒有許可的疫苗在人身上做實驗，這時候是不是反而會引起反作用呢？這的確是曾經發生過的事件。在非洲過去就有曾經因為施打已經是許可的小兒麻痺疫苗，然而卻因為疫苗它本身有問題，而造成小兒麻痺病毒在非洲流行的例子。這個已經經過許可，整個製程都是許可的，而且已經證明有效的疫苗都還是有機會出現一些不可控制的流行存在，那麼如果這個伊波拉疫苗都還沒有經過完整的法規認證，如果直接把它用在人身上，是不是真的會引起反作用呢？這是一個很大的風險。

　　但是也有另外一些學者認為，有所作為還是比什麼都不做好。因為

如果你這時候不趕快把伊波拉病毒阻擋在非洲的話，萬一它離開非洲造成大流行，這個時候很可能就不是兩萬劑疫苗可以解決的。所以這裡有時候我們又遇到了一個兩難的問題：疫苗如沒有經過許可，能不能開始進行治療？面對這麼緊急的狀況，是不是有所作為比什麼都不做來得好呢？

根據WHO的一位代表表示，在目前以這個實驗性疫苗來進行醫療的行為他認為是不倫理的、不可行的，同時也是不明智的！此外，有一件有趣的事，這些伊波拉疫苗的研究或研發，大部分都是用美國為了防止生物戰或生物恐怖攻擊所支持的研究經費來進行研發的！也就是說，當初製造這些疫苗的起始目的並不是為了要來治療這次西非的伊波拉疫情，而都是為了防止生物戰或者防止生物恐怖攻擊才來進行的研究。

課中思考議題與測驗

一、課中思考議題（請選擇您的答案並簡述理由）

1. 你是否贊成保存天花病毒？
   (1)應保存天花病毒
   (2)不應保存天花病毒

2. 面對史無前例的SARS疫情如果你是臺北市政府，妳會採取？
   (1)全面召回並封鎖和平醫院，統一管理
   (2)醫務人員自家隔離，和平醫院病棟封鎖管理
   (3)不封院，但所有疑似病患集中管理
   (4)附近地區全面封鎖，成立緊急特區

3. 如果你是醫護人員，在你有選擇的情況下，你是否仍會進入和平醫院與病人一起隔離
   (1)是，身為醫護人員，照顧病人是天職
   (2)否，sars什麼時候傳染到我都不知道，萬一我寶貴的性命就在此殞落怎麼辦

4. 當傳染性疾病暴發時，為緊急因應藥物的專利法規是否應予遵守？

  (1)法律就是要遵守

  (2)人命關天 法律應可偏廢

5. 你是否認為該進行Fouchier或Kawaoka的禽流感病毒試驗？

  (1)贊成

  (2)反對

6. 你認為Fouchier或Kawaoka的禽流感病毒試驗結果是否該發表？

  (1)贊成

  (2)反對

二、測驗題

( ) 1. 人類第一個消滅的病源使其不再人類間流行的是：(1) 小兒麻痺病毒 (2) 麻疹 (3) 天花 (4) 瘧疾

( ) 2. 首先發現疫苗可以有效的防止傳染病的醫生是：(1) 詹納 (2) 沙賓 (3) 沙克 (4) 史懷哲

( ) 3. SARS病毒的基因體是：(1) DNA (2) 蛋白質 (3) 脂質 (4) RNA

( ) 4. SARS病毒的潛伏期一般為幾天：(1) 2-10 (2) 5-14 (3) 1-12 (4) 4-12 天

( ) 5. 於臺北爆發院內感染SARS病毒的醫院是：(1) 忠孝醫院 (2) 信義醫院 (3) 仁愛醫院 (4) 和平醫院

( ) 6. 目前流傳於亞洲的致命性禽流感病毒是何種亞型：(1) H1N1 (2) H3N2 (3) H5N1 (4) H7N9

( ) 7. A型流感病毒的亞型可由16種H蛋白與幾種N蛋白來決定：(1) 10 (2) 9 (3) 8 (4) 7

( ) 8. SARS病毒一般是屬於何類病毒是：(1) 小RNA病毒 (2) 冠狀病毒 (3) 泡疹病毒 (4) 桿狀病毒

（　　）　9. 可用於治療致命性禽流感病毒的藥物通常是作用於：(1) 神經氨
酸酶　(2) 血液凝集素　(3) M1離子通道　(4) 流感聚合酶

（　　）　10. 1918年的H1N1流感病毒一般又稱為：(1) 葡萄牙流感　(2) 西班
牙流感　(3) 智利流感　(4) 阿根廷流感

Note

Note

Note

國家圖書館出版品預行編目資料

專業倫理：科學與倫理、一般倫理／吳宗遠、
林文瑛著. －－初版. －－臺北市：五南，
2018.03
　　面；　公分
ISBN 978-957-11-9557-5（平裝）
1.科學倫理　2.專業倫理
198.3　　　　　　　　　　　106025212

1XDZ 通識系列

專業倫理
科學與倫理、一般倫理

作　　者 ― 吳宗遠、林文瑛

發 行 人 ― 楊榮川

總 經 理 ― 楊士清

副總編輯 ― 黃惠娟

責任編輯 ― 蔡佳伶　簡妙如

校對編輯 ― 簡妙如

封面設計 ― 姚孝慈　謝瑩君

出 版 者 ― 五南圖書出版股份有限公司

地　　址：106台北市大安區和平東路二段339號4樓

電　　話：(02)2705-5066　　傳　　真：(02)2706-6100

網　　址：http://www.wunan.com.tw

電子郵件：wunan@wunan.com.tw

劃撥帳號：19628053

戶　　名：五南圖書出版股份有限公司

法律顧問　林勝安律師事務所　林勝安律師

出版日期　2018年3月初版一刷

定　　價　新臺幣280元